智慧出行服务
精选案例汇编

SELECTED CASES COLLECTION OF
SMART MOBILITY SERVICE

主　编	吴晓东
副主编	付长青　伍速锋　卢　健
参　编	邱红桐　封春房　王元庆　袁建华
	江海龙　赵永进　张　铿　陈　帅
	董开帆　刘　俊　熊向化　张凌宇
	姜　明　孟　汇　高　晨　殷　韬
	蔡正义　谢明辉　孙俊朋

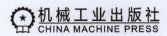

本书讲解了智慧出行服务系统在交通出行本征获取与需求优化、交通资源优化配置及协同调度、智慧公交出行、云—网—端一体化智能停车服务、城市智慧出行服务技术集成及综合平台开发等方面的多个实践案例。

书中选取了深圳景区预约出行设计、十四届全运会专用车道服务、网约车驾驶人与乘客群体的调度、中南大学湘雅医院智慧停车服务系统、成都市"城市交通大脑"系统集成、"苏州智行"MaaS平台等实施效果显著的案例，从建设思路、建设方案、建设情况、建设效果等方面，对案例进行深入剖析，以案例的形式推广优秀、科学的智慧出行服务理念和方法，从而进一步促进城市智慧出行服务水平。

本书适合城市规划设计、交通运输管理、信息系统技术开发等部门的管理人员及相关科研院所的研究人员、高校师生、规划设计咨询单位的从业人员参考。

图书在版编目（CIP）数据

智慧出行服务精选案例汇编 / 吴晓东主编. — 北京：机械工业出版社，2024.1
ISBN 978-7-111-74606-5

Ⅰ. ①智… Ⅱ. ①吴… Ⅲ. ①智能运输系统–案例 Ⅳ. ①F502

中国国家版本馆CIP数据核字（2024）第032334号

机械工业出版社（北京市百万庄大街22号 邮政编码100037）
策划编辑：李 军　　　　　　　　责任编辑：李 军 刘 煊
责任校对：甘慧彤 丁梦卓 闫 焱　　责任印制：单爱军
北京虎彩文化传播有限公司印刷
2024年3月第1版第1次印刷
184mm×260mm · 10.25印张 · 205千字
标准书号：ISBN 978-7-111-74606-5
定价：99.00元

电话服务　　　　　　　　　网络服务
客服电话：010-88361066　　机 工 官 网：www.cmpbook.com
　　　　　010-88379833　　机 工 官 博：weibo.com/cmp1952
　　　　　010-68326294　　金 书 网：www.golden-book.com
封底无防伪标均为盗版　机工教育服务网：www.cmpedu.com

前　言

随着科技的飞速发展和全球经济的日益繁荣，人们的出行需求不断提升，智慧出行服务逐渐成为人们日常生活和工作中的重要一环。这一领域的创新和进步不仅为交通产业带来了巨大的商业机会，也为改善人们的出行体验和提高社会效率提供了强有力的支持。

我国作为全球最大的汽车市场，近年来智慧出行服务也得到了快速发展，各地政府对于智慧出行服务的支持力度不断加大，推动了该领域的创新和发展。部分城市已经推出了基于互联网和大数据技术的智能交通出行服务系统，在交通资源优化配置和协同调度、智慧公交运行管理、停车管理、统一出行服务平台等方面，涌现出了一批典型案例。为总结各地经验，提升各地智慧出行服务水平，同时鼓励各地不断探索创新交通管理方法，本书作者对相关案例进行了汇总、整理和编辑，形成了本案例汇编。

相关案例的讲解过程按照建设思路、建设方案、建设情况、建设效果等内容进行编排，实例的可操作性强，可为各地开展智慧出行服务与管理工作提供参考和借鉴。

本书的编撰和出版得到了国家重点研发计划项目"城市智慧出行服务系统技术集成应用"（项目编号：2019YFB1600300）的支持和资助。

由于编者水平有限，文中难免存在欠妥之处，恳请广大读者不吝赐教指正！

编者

目 录

前言

第 1 章 绪论

1.1 发展背景 ...002
1.2 发展阶段 ...003
1.3 国外发展现状 ...004
   1. 德国 ...004
   2. 英国 ...005
   3. 芬兰 ...005
   4. 瑞典 ...006
1.4 行业发展中的问题 ...007

第 2 章 交通出行本征获取与需求优化实践案例

2.1 城市交通出行特征分析——以苏州为例 ...010
   1. 空间单元划分 ...010
   2. 出行特征指标集 ...012
   3. 示范区特征分析 ...013
   4. 特征提取软件模块 ...017
2.2 出行需求量时空预测——以北京为例 ...022
   1. 案例简介 ...022
   2. 现状及需求分析 ...022
   3. 设计思路 ...023
   4. 建设方案 ...024
   5. 建设情况 ...025

Contents

　　6. 建设效果 ...026

2.3　个体用户出行的目的地预测 ...027
　　1. 案例简介 ...027
　　2. 现状及需求分析 ...027
　　3. 设计思路 ...027
　　4. 测试方案 ...029
　　5. 测试情况 ...029
　　6. 测试效果 ...030

第 3 章　交通资源优化配置及协同调度实践案例

3.1　西安精细化路口设计"潮汐车道 + 可变车道" ...034
　　1. 案例简介 ...034
　　2. 现状及问题分析 ...034
　　3. 优化思路 ...036
　　4. 优化措施 ...036
　　5. 优化效果 ...038
　　6. 案例小结 ...038

3.2　深圳景区预约出行设计 ...039
　　1. 现状及问题分析 ...039
　　2. 优化思路 ...040
　　3. 优化措施 ...040
　　4. 实施效果 ...044
　　5. 案例小结 ...046

3.3　广州有轨电车：绝对优先控制 ...047
　　1. 案例简介 ...047
　　2. 现状及问题分析 ...047
　　3. 优化思路 ...050
　　4. 优化措施 ...050

5. 实施效果 ...052
　　6. 案例小结 ...052

3.4 十四届全运会专用车道服务 ...053
　　1. 概况 ...053
　　2. 前期经验 ...053
　　3. 优化措施 ...055
　　4. 实施效果 ...058
　　5. 案例小结 ...058

3.5 网约车驾驶人与乘客群体的调度——以北京为例 ...059
　　1. 案例简介 ...059
　　2. 现状及需求分析 ...059
　　3. 设计思路 ...060
　　4. 建设方案 ...061
　　5. 建设情况 ...063
　　6. 建设效果 ...064

第 4 章　智慧公交出行实践案例

4.1 杭州市公交云大脑建设 ...068
　　1. 案例简介 ...068
　　2. 建设思路 ...068
　　3. 建设方案 ...068
　　4. 建设情况 ...069
　　5. 建设效果 ...071

4.2 需求响应公交在雄安新区的实践 ...072
　　1. 案例简介 ...072
　　2. 现状及问题分析 ...072
　　3. 发展思路 ...072
　　4. 运营情况 ...073
　　5. 合乘效益分析 ...075
　　6. 未来发展展望 ...075

Contents

    7. 案例小结 ...076

  4.3 苏州市"智慧场站"电子站牌研发建设 ...077

    1. 案例简介 ...077

    2. 现状与需求分析 ...077

    3. 设计思路 ...078

    4. 建设方案 ...078

    5. 建设情况 ...079

    6. 社会效益 ...082

第 5 章　云—网—端一体化智能停车服务实践案例

  5.1 中南大学湘雅医院智慧停车服务系统 ...084

    1. 案例简介 ...084

    2. 现状与需求分析 ...084

    3. 设计思路 ...085

    4. 建设方案 ...085

    5. 建设效果 ...088

  5.2 南宁三美学校"人等车"预约接送模式缓解交通拥堵 ...090

    1. 案例简介 ...090

    2. 现状与需求分析 ...090

    3. 优化思路 ...091

    4. 优化措施 ...091

    5. 实施效果 ...093

    6. 案例小结 ...094

  5.3 惠州市城区智慧停车系统建设 ...095

    1. 案例简介 ...095

    2. 现状与需求分析 ...095

    3. 设计思路 ...096

    4. 建设方案 ...097

    5. 建设情况 ...099

  6. 建设效果 ...100

 5.4 海口市美兰区智慧停车管理 ...102
  1. 案例简介 ...102
  2. 现状与需求分析 ...102
  3. 设计思路 ...103
  4. 建设方案 ...104
  5. 建设情况 ...106
  6. 建设效果 ...108

 5.5 贵阳市智慧停车平台建设 ...109
  1. 案例简介 ...109
  2. 现状与需求分析 ...109
  3. 设计思路 ...110
  4. 建设方案 ...110
  5. 建设情况 ...112
  6. 建设效果 ...115

第 6 章　城市智慧出行服务技术集成及综合平台开发实践案例

 6.1 成都市"城市交通大脑"系统集成 ...118
  1. 案例简介 ...118
  2. 城市交通现状 ...118
  3. 建设思路 ...119
  4. 建设方案 ...119
  5. 建设情况 ...122
  6. 建设效果 ...123

 6.2 上海"随申行"平台 ...125
  1. 案例简介 ...125
  2. 建设思路 ...125
  3. 建设方案 ...127
  4. 建设效果 ...129

Contents

6.3 广州"穗通票"MaaS 平台 ...130
    1. 案例简介 ...130
    2. 技术路线 ...131
    3. 建设方案 ...135
    4. 创新功能 ...136

6.4 "苏州智行"MaaS 平台 ...139
    1. 案例简介 ...139
    2. 平台架构 ...139
    3. 功能模块 ...141
    4. 服务外延 ...146
    5. 实践效果 ...148

6.5 北京绿色出行一体化服务平台 ...149
    1. 案例简介 ...149
    2. 建设思路 ...149
    3. 建设方案 ...150
    4. 建设效果 ...154

第 1 章

绪论

1.1 发展背景

1.2 发展阶段

1.3 国外发展现状

1.4 行业发展中的问题

1.1 发展背景

一站式出行（又称"出行即服务"，Mobility as a Service，MaaS）由芬兰智能交通协会主席桑波·希塔宁参照云计算的服务模式（PaaS、IaaS 和 SaaS）提出，其定义为通过一个服务提供商提供的界面，来实现用户交通需求的出行配送模式，整合不同交通和服务方式，为客户提供量身定制的一站式出行服务。其核心特征是客户需求、服务捆绑、交通方式和服务提供商之间的协作和互连。

随着大数据、云计算、人工智能等新技术的应用，互联网和传统交通出行方式紧密结合，人们在出行方式上具有更大的自主选择权。同时，互联网在交通行业的应用形成了新的服务方式，网约车、共享单车等通过互联网思维大量引流聚集用户，且快速传播裂变式发展用户，新的出行服务发展势头迅猛。出行不再是单一的、线性的决策，而是一个由人、线下、线上和数据共同组成的复杂网络，这个网络将交通服务、基础设施、科技和大数据结合在一起。在新的出行需求下，为了方便人们的出行选择，要想提高城市交通这一复杂巨系统的出行服务水平，必须从整个系统层面进行优化，整合多方式资源，提供多方式出行服务，既能够提升出行服务质量，也能提高系统运营效益，而不是对某个单一子系统进行优化。

近年来，北京、深圳、广州等地都对 MaaS 进行了探索，开展试点项目，初步实现了出行信息获取、出行规划、票务服务等功能的整合。2019 年 11 月，北京上线国内首个一体化出行 MaaS 平台，该平台基于高德地图，整合了公交、地铁、市郊铁路、步行、骑行、网约车、航空、铁路、长途大巴、自驾等全品类的交通出行服务，能够为民众提供行前智慧决策、行中全程引导、行后绿色激励等全流程、一站式"门到门"的出行智能诱导，以及城际出行全过程规划服务。

1.2 发展阶段

出行即服务（MaaS）是指将各种交通方式的出行服务进行整合，进而满足各种交通需求。MaaS 强调交通系统的多模式、一站式、需求响应和未来可持续性。MaaS 的发展历程如下。

1）2013 年瑞典 UbiGo 公司对 MaaS 进行了初步实践。

2）2014 年在芬兰赫尔辛基举办的欧洲 ITS（智能交通）大会上，MaaS 概念首次被明确提出。

3）2015 年在法国波尔多举办的世界 ITS 大会上成立了欧洲 MaaS 联盟，联盟主要成员包括交通服务提供商、公共交通运营者、MaaS 运营者、集成商、IT 系统提供商、用户、城市（地方、区域或国家）政府，同年 12 月，MaaS 全球公司（MaaS Global）正式注册。

4）2016 年 6 月，MaaS Global 发布了一款"移动服务"交通工具 App Whim；同年 10 月在赫尔辛基进行了示范应用。

5）2017 年 9 月，MaaS 联盟发布了白皮书，作为对欧洲过去几年的总结和对未来的展望；同年 10 月，UbiGo 等宣布 2018 年 3 月在斯德哥尔摩重启 UbiGo；同年 11 月，Whim 在赫尔辛基全面上线。

6）2018 年世界 ITS 大会在哥本哈根召开，MaaS 全面开花，全球各地广泛开展相关研究实践。

在我国，北京、深圳、广州、上海等城市也开始探索 MaaS。北京市交通委于 2019 年发布交通出行数据开放管理办法，在出行领域探索了碳普惠激励机制，通过跟踪每个个体的出行碳足迹，实现碳减排的测算。深圳主要在早晚高峰高密度出行需求区，如深圳科技园、福田中心区等地，通过深圳巴士集团开通连接工作区与地铁站点间的定制公交的方式来实现高峰分流。广州黄埔区与百度 Apollo 联手打造的全球首个服务多元出行的自动驾驶 MaaS 平台，尝试对 MaaS 运营新价值的探索。上海的 MaaS 系统是由政府主导，并专门组建主体负责建设运营的特征城市出行即服务平台。既体现政府为公众出行服务的公益性，承担上海交通公共数据运营，还积极参与市场竞争，通过数据产品研发、数据服务供给，进行市场化运作。江苏淮安依托城客 e 家 App 尝试集成多元化出行手段，打造全国首个 MaaS 生态出行体系。

自 2019 年纳入交通强国建设范畴以来，我国各级交通运输主管部门在十四五规划中均对推进 MaaS 建设进行了任务部署，诸多高校与科研机构也广泛参与。但 MaaS 在我国仍处于初级阶段，不同层级的 MaaS 建设还普遍面临着如何建设、如何运营、如何服务，以及如何治理等难题。

1.3　国外发展现状

出行即服务（MaaS）是通过一个服务提供商的界面，来满足用户出行需求的出行服务模式，整合不同交通方式为客户提供量身定制的出行套餐。MaaS 将各出行方式的服务集成到可按需访问的单个出行服务应用中。用户可在该应用上进行支付、订阅、服务等操作，以满足多样化的出行需求并提高整个出行服务系统的效率。MaaS 的目的是提供一种替代私家车的出行方案，有助于减少拥堵和交通费用。

1996 年，ENTER 会议上提出了整合不同旅游和实行服务的"智能信息助手"的概念。2012 年 6 月，能源公司 Agrion 在旧金山赞助了为其半天的会议，名为"电动交通即服务"，会上讨论了出行即服务的概念，将其视为智能手机技术数字领域与自动驾驶车辆融合的潜在结果。2015 年，MaaS 成为波尔多世界智能交通系统大会的热门话题。随后，出行即服务（MaaS）联盟成立。2017 年，MaaS 联盟发布了关于出行即服务以及如何为蓬勃发展的 MaaS 生态系统奠定基础的白皮书。

Sochor 在 2017 年将 MaaS 服务按照整合水平分为以下 5 级。

第 0 级，无整合：MaaS 为不同的运输工具提供单独服务。

第 1 级，信息集成：MaaS 对于出行规划者提供的多模式出行信息进行整合，最终为用户提供可选择的出行方案。

第 2 级，查找、预定和付款的集成：MaaS 帮助出行者查找、预定和支付个人出行，而不仅是提供出行信息的查询。

第 3 级，整合运输服务：MaaS 提供服务的对象将不再仅局限于出行者，还将包括出行服务商。MaaS 协调不同交通工具之间的衔接配合，来满足个人和家庭的全部日常出行。

第 4 级，社会目标的整合：MaaS 超越了联系出行需求和供应，而是致力于利用现有的供应来减少不必要的需求。如在城市中减少使用汽车，并提升城市的居住环境和居住水平。

MaaS 自 2014 年提出后，在欧洲国家首先进行了试点和实验，产生了许多示范性的应用。近年来，MaaS 开始被推广到全球的众多国家和地区。

1. 德国

德国提出了 SPACE（Shared Personalized Automated Connected Vehicles）计划，将通过提供指南来帮助用户和企业将个性化自动驾驶汽车融入公共交通。SPACE 项目旨在将公共交通置于自动驾驶汽车革命的中心，并建立联合交通生态系统。项目从 2018 年

3月持续到2021年9月。在项目期间，SPACE合作商为城市、运营商、企业和规划者提供了有关如何部署自动驾驶汽车，以及如何将其整合到公共交通网络中的指南。项目主要包含汽车共享、定制公交与自动驾驶出租车，覆盖场景如下。

1）公交枢纽的最后一千米。
2）公共交通站点接驳。
3）点对点定制出行服务。
4）区域公共交通。
5）特殊场所的出行需求。
6）共享汽车。
7）城际旅行。

2. 英国

英国开展了EFLES（Fleet-Center for Local Power Systems）项目，它是一个以电动汽车车队为中心的本地能源系统项目，旨在为电动汽车车队不断增长的企业带来智能优化。交通现代化的主要问题之一是社区电网无法提供充电站，严重限制电动汽车的发展。EFLES项目旨在展示智能充电如何激励大型车队运营商向电动汽车迈进，从而减少碳排放、空气污染和能源成本。EFLES项目已经于2020年5月1日开始，还在计划通过增加混合动力汽车车队来提高企业的智能化，并通过构建智能电网大幅减少二氧化碳排放和能源消耗。

3. 芬兰

作为全球第一家将"出行即服务"想法实现的企业，芬兰Whim尝试用月租套餐的方式打包所有的公共和共享出行服务，用以取代私家车出行。2016年底，MaaS Global公司推出一款"出行即服务"的出行订阅服务客户端Whim，该应用程序为用户提供了3种类型的服务，以便最大程度满足用户的不同需求。

Move on a Whim：用户可以通过体验该服务确定适合自己的月租方案。

Monthly Mobility：用户可无限制地使用本地公共交通和共享自行车，以及在限定的额度内享受出租车、长途列车等其他服务。

Ultimate Freedom：用户可以任意定制自己的公共交通方案。

Whim的最大特点在于可以根据用户的需求进行定制化的服务，而不是让用户提前购买月票的方式。现阶段用户可以通过绑定银行卡的方式进行付费，未来Whim将与PayPal合作，实现平台支付。

4. 瑞典

UbiGo是瑞典哥德堡的一站式出行服务企业，在该企业提供的网页端或手机端的应用上，用户可以定制自己的出行服务套餐。这种出行套餐规定了该用户本月在一定区域范围内使用各种交通方式的时间。在该规定范围内，用户可享受各种交通方式衔接而成的链式出行服务，从而以更加低廉的价格获得和使用与私家车服务水平相似的出行体验。UbiGo在哥德堡的试点于2014年结束。2017年10月UbiGo Innovation AB和Fluidtime AG宣布了一项合作，在2018年3月开始在斯德哥尔摩进行试点项目，Fluidtime公司将根据UbiGo公司的需求提供FluidHub和FluidBiz技术平台。这两家公司还将共同为北欧市场以外的潜在MaaS运营商提供特许经营。

1.4 行业发展中的问题

从用户（出行者）的角度来看，现运营或试点的 MaaS 平台依然存在许多需要完善的地方。例如，各种交通工具给到用户的出行信息时空不同步，用户无法享受到高效的出行服务；在各类出行平台上还要投入大量的时间和精力去获取信息，有些甚至还不具备舒适性和确定性；交通工具在出行链上存在空缺，交通工具之间无法在用户期望的极少时间内协同对接，导致用户换乘、接驳等候时间长；从起点到终点，用户的全出行链规划不连续；面对用户的个性化需求，现有 MaaS 平台很难完全响应；交通方式票卡互不相通、不关联，用户购票操作步骤多，票务预定需支付多次；交通出行软件多，很多交通工具都需要下载、注册 App，操作烦琐等。

国内推动建设的 MaaS 仍停留在路径摸索阶段。在国家政策方面，缺乏清晰的推动路线，只有部分区域开展试点探索。在具体管理层面，国内外暂无非常成功、可复制推广的案例，管理部门无经验可借鉴。在社会与经济效益层面，MaaS 暂未大规模普及，试点规模小或试点仅在单一区域，未取得显著的社会和经济效益。另外，行业利益群体众多，行业中存在不同运营主体之间的利益分配问题。交通出行领域涉及城际交通（航空、铁路、水运、公路）、城市交通（地面公交、轨道、出租、骑行、小汽车）等多种出行方式，每一种出行方式背后都有数个乃至数十个运营服务商。例如，在出行服务地图上，汇聚有各式各样的交通工具运营服务商，根据用户的出行需求，匹配出行服务，但跨交通工具的出行服务组合相对较少，主要还是在单一模式下的特定组合。特别是涉及不同运营主体的情况时，运营服务商不打通平台，就将导致协同运营效率低，跨交通、跨境互通的交通支付受阻。但是，打通平台又会涉及交通出行数据的共享，就存在数据安全性、确保用户隐私不被泄露等问题。

第 2 章
交通出行本征获取与需求优化实践案例

2.1　城市交通出行特征分析——以苏州为例

2.2　出行需求量时空预测——以北京为例

2.3　个体用户出行的目的地预测

2.1 城市交通出行特征分析——以苏州为例

出行者的交通出行本征获取与需求优化工作，必须围绕属性、行为、偏好三个方面开展，作者在此提出了一套出行特征指标体系。本节研究的交通出行本征获取与需求优化是基于空间单元的特征指标集提取的，覆盖栅格、交通小区、街道和行政区划等空间单元，并涵盖面向重点片区、关键节点的分析应用。

1. 空间单元划分

为细化特征指标集构建，将研究目标按四个层级进行空间单元划分——栅格级、交通小区级、街道级、行政区级，通过分析、收集、处理及应用各空间单元的基础信息，从不同空间单元层级揭示该空间单元内的空间属性、出行特征等指标；与此同时，可以划分重点片区、关键节点等区域，并单独分析相关空间单元特征。

（1）栅格级

将示范城市苏州市区分成大小相等的栅格，其中每个栅格表示一个研究空间单元，如图 2-1-1 所示。

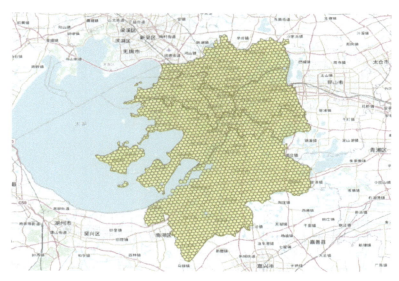

图 2-1-1　苏州市栅格级空间单元

（2）交通小区级

基于研究需求，为了减少交通控制和管理系统的复杂性，将复杂交通网络分解为具有一定交通关联度和交通相似度的交通区域，结合苏州既有交通调查，将苏州市按交通小区进行划分。

（3）街道级

按街道进行空间单元划分，可将苏州划分为 63 个街道、乡镇单元，从行政级别管理上细化分析该空间单元内的相关特征指标。

（4）行政区级

示范城市苏州市区可按行政区级别划分为吴中区、吴江区、姑苏区、相城区、高新区、工业园区六个空间单元。

（5）重点片区、关键节点

根据计算结果和人为选定，本次研究确定了目标重点片区包含三个重要的 TAZ 小区、苏州北站、苏州站。关键节点为苏州市轨道站点，划分结果如图 2-1-2 所示。

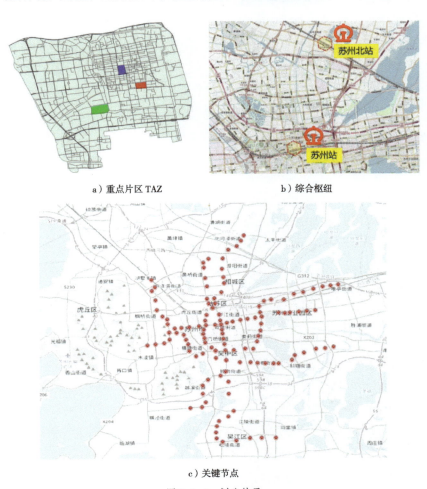

a）重点片区 TAZ　　　　b）综合枢纽

c）关键节点

图 2-1-2　划分结果

2. 出行特征指标集

（1）空间属性指标

空间属性指标族包括需求类、设施类和环境类三个维度的指标体系，旨在多维度挖掘空间单元的社会经济、人口结构、交通设施特征，以及它们对出行产生影响的动态环境特征。

1）**需求类指标族**。需求类指标主要描述空间单元中社会经济和人口结构特征，分为人口结构指标和岗位特征两大类。其中，人口结构指标包含不同空间单元中的人口总量、年龄结构、性别结构和教育水平比例。岗位特征包含不同空间单元的工作岗位数量和岗位平均收入。

2）**设施类指标族**。设施类指标主要描述空间单元中的交通设施特征，分为路网特征、公交网络特征、轨道网络特征、慢行网络特征和停车供给特征。其中，路网特征包含路网密度、交叉口平均间距、交叉口位阶差。公交网络特征包含公交站点个数、平均站点间距和公交线网密度。轨道网络特征包含轨道站点个数、轨道站点间距和轨道线网密度。慢行网络特征包含自行车服务点位数量、每个点位的自行车数量和自行车道里程。停车供给特征包含公共停车泊位数量。

3）**环境类指标族**。环境类指标主要描述对出行产生影响的动态环境特征，包含天气、交通事件和疫情特征三类。其中，天气指标包含降雨量等级、降雪等级、高温和寒流，以及其他极端天气。交通事件指标中包含交通事故和大型活动，以及特殊事件造成的交通管制。

（2）出行行为指标

依据出行过程，出行行为指标定义可分为四个类别：时间尺度、空间尺度、结构尺度和频次尺度，多维度解析出行特征。

1）**时间尺度**。时间尺度分为出行时长和出行时刻两方面，其中出行时长指标包含平均出行时长、通勤出行时长和最大出行时长。出行时刻的指标有高峰出行比例和高频出行时段占比。

2）**空间尺度**。空间尺度分为出行距离和出行空间分布（起点到终点，OD）两方面，其中出行距离指标包含平均出行距离、最大出行距离和通勤出行距离。出行空间分布的指标包含公交车OD、轨道OD、公共自行车OD、出租车/网约车OD和通勤交通OD。

3）**结构尺度**。结构尺度分为多方式出行结构和出行链两方面，其中多方式出行结构指标包含公交出行比例、轨道出行比例、公共自行车出行比例、出租车/网约车出行比例。出行链的指标包含出行链最大环节数和平均环节数。

4）**频次尺度**。频次尺度分为多方式出行次数和分时段出行次数两方面，其中多方式出行次数指标包含公交出行次数、轨道出行次数、公共自行车出行次数、出租车/网约车出行次数。分时段出行次数的指标包含日均出行次数和周均出行次数。

（3）出行偏好指标

从出行次数、时间、空间、方式等维度为空间单元进行详细"画像"，对出行特征指标进行多图层交叉分析，可以揭示各个空间单元出行偏好和出行规律，为需求预测、出行激励、资源调度等提供数据支撑。

3. 示范区特征分析

（1）空间属性展示

基于苏州市的数据，下面对苏州市不同层级空间单元进行分析，以支撑后续各层级空间单元的特征分析。

自2010年苏州市公共自行车建设运营，服务居民短距离出行、地铁接驳。当前苏州市公共自行车站点两侧蓝牙范围内均已实现无桩借还功能。根据苏州市姑苏区、吴中区、高新区、工业区、相城区公共自行车站点的分布及桩位数量，可以绘制出苏州市街道级公共自行车站点设施服务图，其中东渚街道、元和街道、狮山街道、吴门桥街道，以及郭巷街道的公共自行车站点数量位居前列，覆盖水平较广，服务水平较高，如图2-1-3所示。

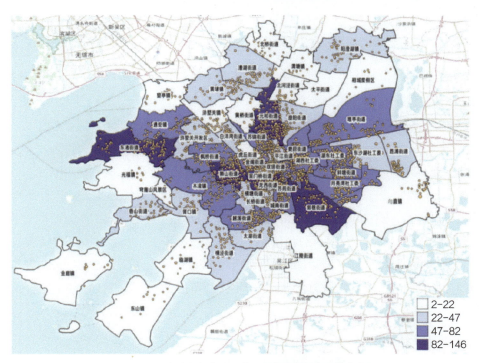

图2-1-3 苏州市各街道公共自行车站点分布及桩位数图

从栅格空间单元观测苏州市公共自行车站点分布，可以发现苏州市公共自行车站点集中于苏州市中心地区的空间单元，外围公共自行车站点分布疏散，服务覆盖不足，如图 2-1-4 所示。

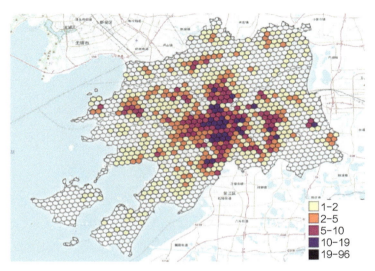

图 2-1-4　苏州市栅格级公共自行车站点分布图

（2）出行特征计算

利用出行需求优化系统，通过调取苏州市出租车早高峰（7:00-9:00）的上下客记录，并对其分别进行行政区、街道、交通小区的汇聚。图 2-1-5 展示了早高峰时街道及交通小区的出租车上客人数分布，可以看出，苏锦街道、枫桥街道、狮山街道、湖西社工委等，在早高峰时有较多的出租车交通出行需求，如图 2-1-5a 所示。

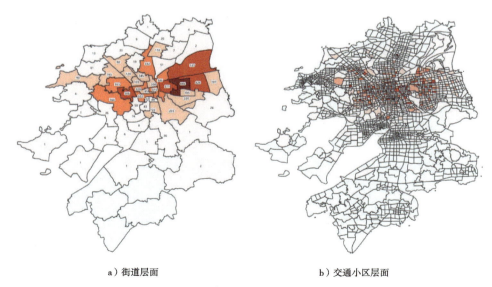

a）街道层面　　　　　　　　　b）交通小区层面

图 2-1-5　苏州市出租车上客人数分布

从栅格层级可以识别出苏州市出租车行为集中发生在中心区域栅格，空间栅格由内往外乘坐出租车出行需求逐渐减少，苏州主城区以外的区域出租车需求分散，需求量较小，如图 2-1-6 所示。

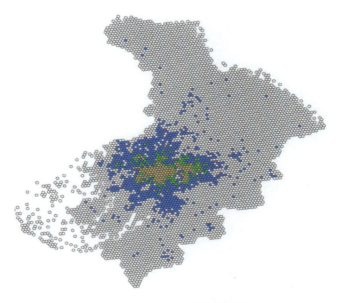

图 2-1-6　出租车需求旺盛地区识别

通过街道层面的出租车 OD 期望线，可以看出湖东社工委与东沙湖社工委、狮山街道与枫桥街道等之间有较强出行需求，湖东社工委的出租车出行产生量较大，其主要目的地为东沙湖社工委、唯亭街道、湖西社工委、月亮湾社工委、胜浦街道等，如图 2-1-7 所示。

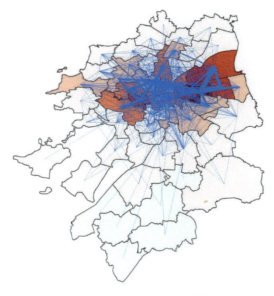

图 2-1-7　苏州市街道层面出租车 OD 期望线

从栅格层级出行特征的指标不仅仅包含通勤时间，从三个尺度出发还包含其他很多的指标，所以，在贝叶斯网络学习的基础上，对于交通小区，需要基于贝叶斯网络对交通小区的出行需求和供给变量，对各个出行特征进行可视化分析。为了指标和出行特征关系的可视化简洁性，以及能够宏观地体现各个交通小区的特征，此处仅仅考虑指标和特征的相互关系，而忽略指标与指标的相互关系。

（3）出行偏好提取

出行偏好提取，是在出行特征分析的基础上，从出行次数、时间、空间、方式等维度为空间单元进行详细"画像"，揭示各个空间单元人员出行偏好，为需求预测、出行激励、资源调度等提供数据支撑。此处分为偏好特征计算和偏好特征画像两个阶段。

1）偏好特征计算。

①**出行次数**。出行次数分为各空间单元总的出行次数、各种方式的出行次数，可以识别出各空间单元的出行强度。

②**时间**。时间方面包含出行时辰偏好和出行时耗偏好。前者主要基于各类数据获取的出发时间，识别出各空间单元的出行时辰的偏好，比如识别出高峰出行占比高或较高的地区。后者主要从出行时耗的角度分析各空间单元的出行偏好，如识别单次出行时耗高或较高的地区，极端通勤（60min及以上）占比高或较高的地区，如图2-1-8所示。

图2-1-8　苏州站和苏州北站地区分时段出租车需求

③**空间**。包括全部出行的距离分布偏好、特定出行的出行距离偏好，比如通勤距离、生活出行距离、5km以内出行占比等，如图2-1-9所示。

④**方式**。首先，可以识别出各种交通方式出行比例高或者较高的地区。然后，可以继续研究不合理出行比例较高地区，如短距离出租车、长距离公共自行车出行。最后，还可以继续挖掘各种方式之间的换乘特征，比如识别轨道换乘公交量较高的地区、轨道换乘公共自行车较高的地区。

图 2-1-9　苏州站和苏州北站地区出租车距离分布特征

2）偏好特征画像。出行偏好特征分析结束后，需要结合应用场景，设计常用的标签，并给各个空间单元贴标签。标签的设计也主要从次数、时间、方式和空间 4 个维度进行梳理，然后再基于通勤出行、非通勤出行，工作日、节假日，高峰、平峰、全天等角度做进一步的细分，标签可以动态调整，如图 2-1-10 所示。

图 2-1-10　空间单元偏好标签示例

4. 特征提取软件模块

苏州出行特征提取模块是交通出行需求优化支持系统中的一个功能模块，包含设施特征、出行特征和其他特征的提取与分析功能。

（1）设施特征

1）**道路网络特征**。选择道路网络特征复选框，可以查看各等级道路通行情况、道路网络密度情况等，如图 2-1-11 所示。

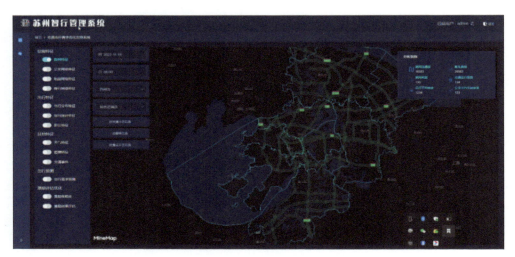

图 2-1-11　道路网络特征

2）**公交网络特征**。公交网络特征展示如图 2-1-12 所示，页面功能包含根据不同空间单元，如区县，街道，交通小区等进行筛选，展示不同的公交网络特征，例如公交线网的分布、公交站点的分布、公交线网密度等。

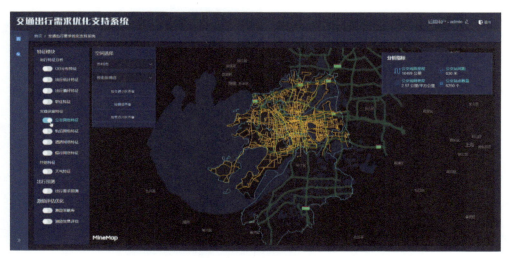

图 2-1-12　公交网络特征

3）**轨道网络特征**。轨道网络特征展示如图 2-1-13 所示，页面功能包含根据区县、街道、交通小区进行筛选，展示不同的轨道网络特征。根据选定区域不同，会展示不同区域的分析指标，包括轨道里程、站间距、线网密度和站点数量。

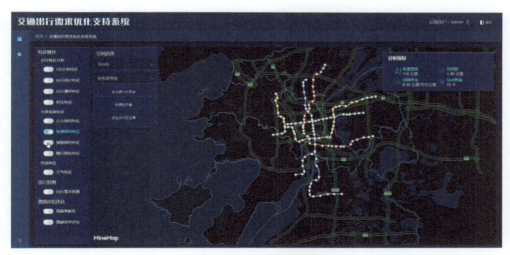

图 2-1-13 轨道网络特征

4）慢行网络特征。慢行网络特征展示如图 2-1-14 所示，页面功能包含根据区县、街道、交通小区进行的筛选，展示不同的慢行网络特征。根据选定区域不同，会展示不同区域的分析指标，包括自行车服务站点数量、自行车专用道里程、自行车数、自行车停车位数量。

图 2-1-14 慢行网络特征

（2）出行特征

出行特征包含 OD 分布特征、出行统计特征、出行偏好特征以及职住特征。

1）OD 分布特征。OD 分布特征可以查看城市居民多方式出行的 OD 分布情况，展示各类交通设施的出行 OD 数据，根据不同的交通设施，包括公交、轨道、出租车网约车，以及慢行设施。右面板支持选择公交、轨道、出租车、网约车、公共自行车和私家车等出行方式，可以看到各站点与指定轨道站点、公交场站大型枢纽的客流分布情况。同时，可以选择不同的区县、街道、交通小区，并筛选出该地区的 OD 分布图，具体如图 2-1-15 所示。

图 2-1-15　OD 分布特征

2）出行统计特征。出行统计特征可以展示与交通分布统计特征类似，包括各个空间单元、各种交通方式的出行距离、出行时长、交通方式，例如高峰出行比例、公交分担率等。同时，也可以选择了不同的区县、街道、交通小区、栅格块，并且选择不同的交通方式，模块可以根据所选交通方式的不同展示额外的分析指标数据，如图 2-1-16 所示。

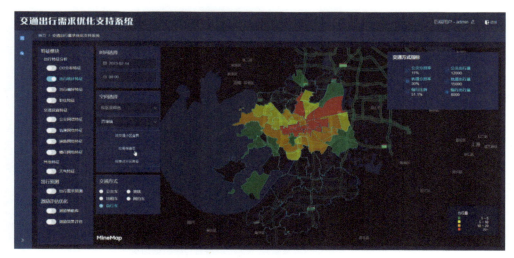

图 2-1-16　出行统计特征

3）出行偏好特征。出行偏好特征功能支持查看结构、时间、空间及交叉分析四个维度的偏好特征分析。其中，结构分析包含公交出行需求高、轨道出行需求高、公共自行车出行需求高、网约车出行需求高、出租车出行需求高等项目分析；时间分析包括通勤 30min 以下及通勤 60min 以上的"热力"分析；空间分析包括通勤距离小于 5km 以内、通勤距离大于 20km 以上的"热力"分析；交叉分析包括乘坐出租车距离小于 3km 的"热力"区域、早高峰公交出行的"热力"区域等，如图 2-1-17 所示。

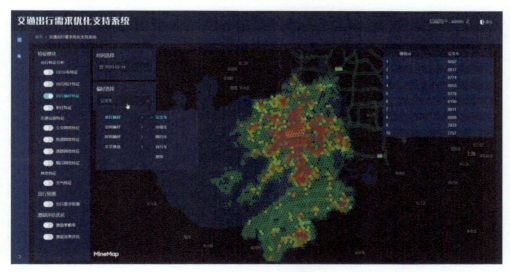

图 2-1-17　出行偏好特征

4）**职住特征**。职住特征功能支持全局查看市域范围内的职住分布情况，包括各个空间单元的居住人口、就业人口等。还可查看人口结构的详细信息，包括平均收入、年龄结构、性别结构、教育水平。并支持从区县、街道、交通小区等不同空间尺度进行检索，如图 2-1-18 所示。

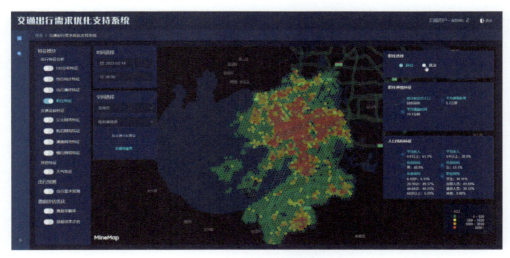

图 2-1-18　出行职住特征

2.2 出行需求量时空预测——以北京为例

1. 案例简介

不同区域的人的出行规律都有一定差异。因此，如果对于出行需求量的预测不进行细化，就没有办法为交通服务提供合适的车辆配给方案。准确的网约车需求量预测可以指导车辆的调度，提高车辆的利用率，减少等待时间，以达到缓解交通拥堵的目标。而需求量预测问题，是网约车公司诸多服务所依赖的基础核心模块，精准的需求量预测算法为网约车公司的诸项服务提供了更好的指导。同时，好的需求量预测系统，也能够为其他交通方面的问题提供更进一步的解决思路，如图 2-2-1 所示。

图 2-2-1　需求量预测系统示意图

2. 现状及需求分析

网约车需求量的时空预测，实质上就是同时预测不同的区域，不同时刻点的网约车出行的需求量，就其本质而言，可以归结为交通流预测问题，如图 2-2-2 所示。

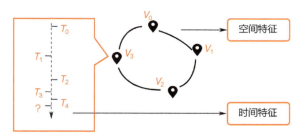

图 2-2-2　网约车需求量的时空预测概念图

据 Uber 统计，2018 年全年的网约车使用次数达 180 亿次，超过全球人口的两倍。准确的网约车订单预测，能够更好地调度车辆，提高车辆的利用率，缓解交通拥堵，具有重要的经济和社会意义。

目前，已有的需求量预测模型方法主要关注于建模相邻区域在空间上的欧式相关性。然而实际上，较远区域之间的非欧式相关性，对于预测也起到了至关重要的作用。

对于区域间的建模，主要采用的是两种方式。

1）规格网格：也就是将区域间的关系视为欧式结构。

2）不规格网格，也就是将区域间的网格视为非欧式结构，并且使用基于特征工程的方法。图2-2-3是基于网格数据建模的示意图。

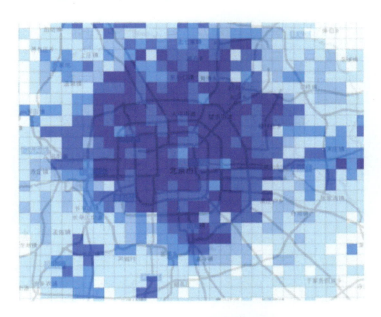

图 2-2-3　基于网格数据建模的示意图

对于时空预测问题，早期主要使用的是卷积神经网络，它可以用于人流量预测以及静态业务量预测，并且已经取得了一定的进展。但是它的缺点在于，无法处理非规则网格，同时也无法引入非欧式网格。实际上，对于交通流量预测，现在已经有很多基于图卷积神经网络的方法，尽管在信息点（POI）图关系的建模，以及多时序图关联和融合方面存在一定的技术难点，但是使用图神经网络方法后，预测效果取得了显著的提升。

在本次需求当中，通过对于不同区域的网约车需求量进行预测分析，完成对于不同区域的网约车进行合理的配给，以保证出行服务的顺畅，同时能够缓解交通压力。

3. 设计思路

通过对于现状与需求方案的分析，对于多个区域的区域间关系挖掘，主要考虑对以下几个方面建立相关的关系。

1）临近的区域：这类区域关系相比而言会非常密切，因此这类区域会有一定的交互关系。

2）功能相似：有些区域虽然距离不一定近，但是其功能相似，这些区域的关系也十分密切。

3）路网联通：有些区域虽然地理距离较远，但是由于有较为发达的路网，比如高速公路等，区域之间的交流比较方便，因此这类区域可能也有较为密切的关系，如图2-2-4所示。

图2-2-4 多个区域的区域间关系挖掘示意图

模型的设计原则如下。

1）空间依赖：通过多种视角为区域间的非欧式关系进行建模。

2）时间依赖：预先为输入时间序列学习权重。

3）性能提升：能够提高预测精度，并且表现更加稳定。

4. 建设方案

出行需求量的时空预测方案如图2-2-5所示。

出行需求量的时空预测需考虑三个部分的内容。

（1）引入多种空间关系

通过引入多种空间关系进行图生成的工作，通过每一帧的数据建模，通过不同维度的相关性（邻域信息、功能相似度、交通连通性）确定节点之间的连边性。首先，使用上下文门

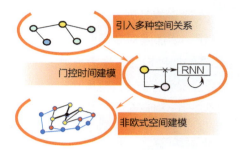

图 2-2-5 出行需求量的时空预测方案示意图

控递归神经网络集成不同时间的观察从而来考虑全局上下文信息；然后，使用多图卷积捕捉地区之间的不同关联关系类型；最终，使用一个全连接的神经网络将特征转换为预测结果。

（2）门控时间建模

将多个时间步的历史数据融合成一张图，可以通过全局池化的操作得到该小时的全局信息。这个全局信息再与原来的 T 个时间步的数据做点乘，得到了带权重的历史数据。将数据迭代地输入到循环神经网络（RNN）中进行时间维度的信息融合，最终得到一张图。这里的 RNN 是权值共享的，也就是对于图上的每个顶点都过同一个 RNN，所训练的是一套参数（工程上是可以实现的）。这样的好处有两点：

1）学习更加 general 的时序维度的汇聚方法。
2）减少模型复杂程度，使得更容易训练。

（3）非欧式空间建模

非欧式空间建模进行的是多图的信息汇聚，以单个节点的视角来看这个算法的运行。首先，每个节点先各自通过 k-ordered ChebConv，然后再进行多图汇聚，汇聚操作的单位是节点。最后，再将前面分别建模了的邻域信息、功能相似度、交通连通性的三个图进行汇聚。

5. 建设情况

根据上述的建设方案，按照要求建立起整体模型，在多个数据集上进行了实验，并最终将实验结果与多个早期的 baseline 进行对比，可以证明本出行需求量预测模型的准确性和先进性。完成算法模型部分后，将模型与多种先进的 baseline 进行了对比。选取北京的历史订单数据，样例数据包含了足够的样本数据量，涵盖了非常多的区域。同时，加入了另一种出行需求量预测的模型，能够通过前一段时间内多个时间步的各个地区的出行量数据，预测出后面多步的出行量的数据。最后，进行了可视化操作，能够显示出当前的热点区域，为区域内网约车供给提供数据支撑。

6. 建设效果

对于出行量整体的预测效果，红色代表热点区域，具体的展示结果如图 2-2-6 所示。

从图 2-2-6 中可以看到部分热点区域，尽管整体上比较分散，但能够很好地体现出一般城市的热点区域的分布特征。同时，通过可视化的展示，直观、清晰地反映实时的出行量的情况，从而可以更好地进行地区交通出行配给。

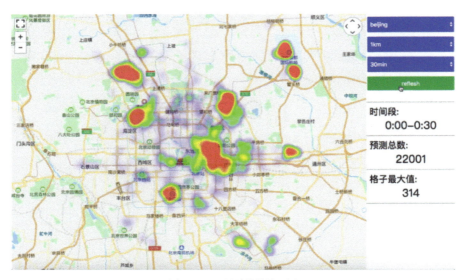

图 2-2-6　预测效果展示图

2.3 个体用户出行的目的地预测

1. 案例简介

个体出行目的地预测作为移动分析领域研究的分支，近年来逐渐成为研究热点。本节通过建模，分析预测了个体用户出行的目的地，并进行了测试，效果良好。

2. 现状及需求分析

目前，对于人群的出行目的地的预测，主要有以下几方面的作用。

1）降低网约车用户发单时的输入成本。例如，在寒风凛冽的冬天，让用户哆哆嗦嗦地输入目的地，这个体验并不算好。如果能够在用户发出订单前，率先为用户推荐他最可能前往的地点，往往可以大幅减少用户自行操作软件的时间。

2）为一些大型商超、火车站等人流密集场所提供出行解决方案建议。

3）通过对大规模个体用户出行目的地的预测，从中预测人群整体的出行流向，从而更好地规划交通运力。

该研究关注如何根据一段尚未完成的轨迹及其上下文信息，快速、精准地预测可能抵达的目的地。个体出行长短距离混杂，并且具有长短期时间依赖关系。传统概率模型，如隐马尔可夫，其概率推断的模型设计，难以捕获轨迹的长期依赖，而通过循环神经网络模型自动学习长期依赖关系，已成为主流的预测方法。但是，现有预测模型对轨迹的位置语义及空间关联关系的研究和利用尚显不足。

另一方面，受到路网拓扑的约束及个体出行偏好选择的影响，轨迹点之间存在空间关联关系。但现有研究主要关注出发位置与目的地之间的空间关联关系，而忽略了中间轨迹点与各候选目的地间的空间关联差异性；然而这种差异性往往有助于出行过程的表达。位置语义作为特定区域的城市功能描述，能够辅助揭示驾驶人的频繁出行模式，但较少有个体出行目的地的预测模型考虑上述因素的作用。

3. 设计思路

个体出行目的地预测可以理解为通过用户的出行历史，预测用户当前时间、当前地点下的出行目的地。T 是当前时间，S 是当前位置，X 是预测目的地，在当前时间、当前地点出发，在这个条件下用户即将去往的那个目的地条件概率，应该是远远大于他去其他地方的概率的。

用户历史目的地集合：

$$\{x_k | k \in [1, n]\}$$

被预测的目的地 x_i 满足以下条件：

$$\exists\, x_i,\, P(X=x_i|t=T, s=S) \gg \sum_{k=1, k \neq i}^{n} P(X=x_k|t=T, s=S)$$

故问题转化为对 $\{x_k | k \in [1, n]\}$ 集合，计算 $P(X=x_k|t=T, s=S)$。

有了模型之后，由简单到复杂地从 0 到 1 快速搭建系统。目的地是待预测的变量，时间变量是一个复合变量，包含日期和时刻，比如日期为 2022 年 8 月 25 日，时刻是 18 点 10 分。地址变量也是复合变量，包括地址名称和经纬度。这些变量又包含不同的类型，比如说地址名称，它是一个离散型的随机变量，经度和纬度则是连续性变量，时间又是周期型变量，经度和纬度两个联合起来又是一个二维的联合变量。把所有这些变量都用起来，让每个变量都充分发挥它的功能，这是要研究的长期课题。而现阶段的目标是快速搭建一个系统，快速上线。

因此，面对这么多特征，首先需要做的是选择一个主要特征。特征选择的原则，是选择与被预测变量最相关的特征。通常，度量变量之间的相关性的指标是皮尔逊系数和互信息。皮尔逊系数通常用来衡量两个连续型随机变量的相关性，计算出来的结果是线性相关性。备选特征既有连续型，也有离散型，还有周期型和复合型的，所以选择了互信息来衡量变量之间的相关性。因为目标是目的地，待选特征先圈定了出发地、出发时刻、出发时期这三个变量。

选取最近 90 天的订单，按用户分组后，计算每个用户下的互信息。

目的地：x；出发地：f；出发时刻：t；出发日期属性（周末或者工作日）：d；互信息：I。

$I(x,f)$	$I(x,d)$	$I(x,t)$
0.82	0.43	1.26

结论：单维度特征下，出发时刻是预测目的地的最好特征。

上面展示的是各个特征与目标变量之间的互信息，最左边是目的地和出发地，中间是目的地和出发时期，最右边是目的地和出发时刻，数值最高的是目的地和出发时刻两个变量间的互信息值，这也符合普遍认知。一般情况下，上班族早上使用网约车平台希望出行的时候，往往出行的目的地是公司，如果是晚上打开，目的地可能就是家。所以，得到的结论就是出发时刻这个特征是预测目的地最好的单一特征。

接下来将这个问题进一步简化，计算在出发时刻这个特征下每个目的地的条件概率，这也就是贝叶斯估计的概率问题，根据贝叶斯公式和全概率公式转换一下，关键要求解的变量，就是在目的地这个条件下出发时刻的概率分布。

问题简化为：求解 $P(X=x_i|T=t)$ 的概率模型。

根据贝叶斯公式和全概率公式

$$P(X=x_i|T=t) = \frac{P(T=t|X=x_i) \times P(X=x_i)}{P(T=t)}$$

$$P(T=t) = \sum P(T=t|X=x_i) \times P(X=x_i)$$

$$P(X=x_i|T=t) = \frac{P(T=t|X=x_i) \times P(X=x_i)}{\sum P(T=t|X=x_i) \times P(X=x_i)}$$

问题进一步转化为求解 $P(T|X)$ 的概率分布。

4. 测试方案

整个算法设计的思路如下：

第一步：根据该用户的订单历史，计算每个目的地的发单时刻集合的 μ 和 σ。

第二步：根据当前时间，计算每个目的地的 $P(T|X_i)$ 和频率 $P(X_i)$。

第三步：计算每个目的地的概率。

$$P(T|X_i) = \frac{P(T|X_i) \times P(X_i)}{\sum [P(T|X_i) \times P(X_i)]}$$

第四步：确定支持度阈值 s 和概率阈值 p，对满足阈值的地址作为预测结果。

第一步的内容主要是进行高斯分布的估计，根据对于用户数据的分析之后，发现大部分目的地的出行时刻的频率分布直方图，符合正态分布，如图 2-3-1 所示。

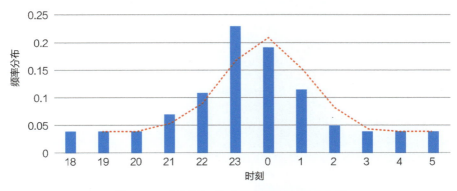

图 2-3-1 "目的地 A" 出行时刻频率分布直方图

整体流程而言，首先根据用户的历史订单，依次计算每个目的地对应的发单时刻的期望和方差，然后根据当前时间计算每个目的地概率的中间数据，再用贝叶斯框架计算每个目的地的概率，最后确定阈值，满足阈值的就是想要的计算结果。

5. 测试情况

在目前的阶段，根据上述的算法过程，首先需要进行第一步的模型的建设，并且完成了模型的搭建和优化工作。在搭建方面：首先根据机器学习的方法，进行一些特征筛选的工作，选择跟目的地相关性很高的特征，比如出发时间、出发地以及用户信息。选出初始的特征之后下一步就要对这个特征进行拆分，通常的方法是利用业务常识，把选出来的特征拆分成更多、粒度更细的子特征，比如把时间拆分成时刻。很多用户特征实际上是隐藏在用户行为背后，不容易被发现的，需要深入地分析挖掘，对用户特征进行用户"画像"或者用户行为分析。

拆分出来这么多特征之后，这些特征之间可能相互之间不独立，需要对特征做进一步提取和变换。选出特征之后，如果要用逻辑回归，那么可能还需要对数据进行离散化，离散化成 0、1 变量。离散化主要是解决特征的增长，每个特征的增长可能对最后的结果贡献不是线性的。同时，离散化成 0、1 变量之后，线下训练的权重被线上系统加载之后能够直接使用，相当于把乘法直接转为加法，能够使系统的性能得到很大的提升。

通过上述的分析以及模型的搭建与优化过程，最终完成了所有算法的设计与分析，并且通过实际的实验证明了个体用户出行目的地预测算法的先进性。

6. 测试效果

通过多渠道的数据采集与挖掘，作者将本模型运用于实际的交通场景，并且将本模型与当下的一些同样优秀的模型应用进行了对比。结果从多方面充分证明了所提出的目的地预测模型的有效性。

以其中几个用户的出发时刻的概率分布为例，如图 2-3-2 所示。

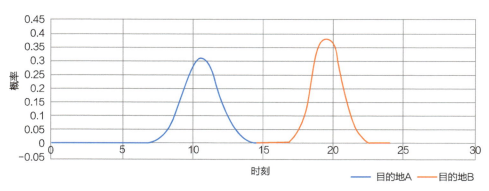

图 2-3-2 用户 1 去往目的地的出发时刻的概率分布图

在本案例中，仅仅只用出发时间这一个特征就能够很好地区分用户去往哪个目的地。用户 1 去目的地 A 的平均出发时刻是 10 点 30 分，去目的地 B 的平均出发时刻是 19 点 20 分，图 2-3-2 中，蓝色曲线就是去目的地 A 的出发时刻分布，红色曲线是去目的地 B 的出发时刻分布，两个分布几乎没有交集。

但也不是所有的情况都能够很好地满足，如图 2-3-3 所示。

第 2 章 交通出行本征获取与需求优化实践案例

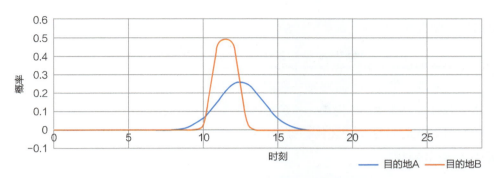

图 2-3-3 用户 2 去往目的地的出发时刻的概率分布图

用户 2 去目的地 A 的平均出发时刻是 12 点 24 分，去目的地 B 的平均时刻是 11 点 36 分，这两个时间比较接近。用户 2 在 12 点左右的时刻，发现他去目的地 A 和目的地 B 的概率都比较高，不太好区分，概率分布曲线有很大的交集。因此，需要通过其他方式进行分析，如图 2-3-4 所示。

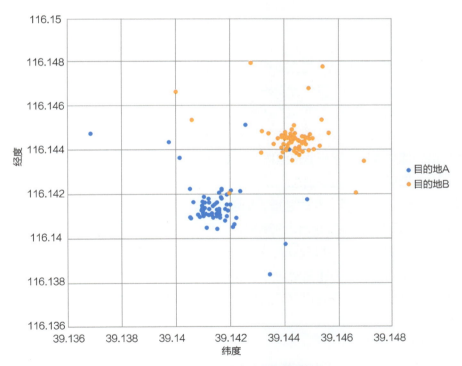

图 2-3-4 用户 2 出发地经纬度分布图

图 2-3-4 是用户 2 去目的地 A 和目的地 B 对应的出发地经纬度分布，横轴是纬度，纵轴是经度。蓝点是用户 2 去目的地 A 的经纬度，集中在一个区域；红点是用户 2 去目的地 B 的经纬度，集中在另外一个区域。这种情况下出发地经纬度可以很好地区分用户 2 是去 A 目的地还是 B 目的地。

如果出发时间和出发地的单一特征都不容易区分，此时可以通过观察互信息加以区分，

031

如表 2-3-1 所示。

表 2-3-1 用户 3 的出发地和出发时刻联合区分不同目的地

序号	出发地	目的地	出发时刻
1	C	B	12:34:26
2	D	B	7:45:29
3	E	B	18:18:00
4	F	B	1:45:08
5	F	B	8:02:29
6	A	J	13:37:37
7	A	I	11:38:02
8	A	H	13:39:36
9	A	G	9:40:18
10	A	B	18:01:00
11	A	B	17:11:51
12	A	B	18:00:49
13	A	B	18:03:48

用户 3 的目的地和出发地的互信息不高，目的地和出发时刻的互信息也不高，但他的目的地和出发地、出发时刻两个联合变量的互信息就比较高了。对于用户 3 来说，用出发地和出发时刻两个变量联合出来，就可以知道他去哪里。如果这个用户是 18 点左右，并且他是从 A 地出发的话，他很大概率是去 B 地。

最后，给出整个模型对比一些先进的 baseline 的效果，如图 2-3-5 所示。

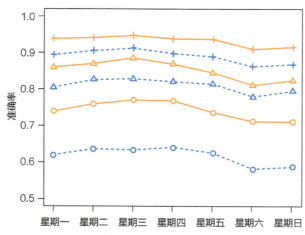

图 2-3-5 用户 3 目的地和出发地、出发时刻两个联合变量的互信息图

通过观察图 2-3-5 可以看出，个体用户出行目的地预测模型的出行预测准确率，远远高于对比的两个 baseline，从而证明了本模型的先进性，同时也证明了整个项目的前沿性，以及本模型可以为用户的便利出行服务提供非常重要的保障。

第 3 章
交通资源优化配置及协同调度实践案例

3.1 西安精细化路口设计"潮汐车道 + 可变车道"

3.2 深圳景区预约出行设计

3.3 广州有轨电车：绝对优先控制

3.4 十四届全运会专用车道服务

3.5 网约车驾驶人与乘客群体的调度——以北京为例

3.1 西安精细化路口设计"潮汐车道 + 可变车道"

1. 案例简介

西安市南三环与芙蓉西路交叉口位于曲江一期与二期的交界处，承担着曲江新区日常极大的通行需求。曲江一期与二期及航天城前往高新、电视塔方向目前只有公田一路、雁塔南路等少数南北主要通道，路网通达性低下。曲江二期住宅区林立，高峰时段车流出行集中，导致南三环与芙蓉西路交叉口、南三环与雁塔南路交叉口交通压力极大。特别是南三环与芙蓉西路交叉口，高峰时段左转车流排队已至公田一路路口，影响了南三环南向北方向直行车辆的通行，造成交叉口交通拥堵频发。

2. 现状及问题分析

（1）现状

南三环与芙蓉西路交叉口位于南三环和芙蓉西路、公田一路相交的位置，是进出曲江二期的重要出入口之一，交叉口周边以商业用地和居住用地为主，如图 3-1-1 所示。

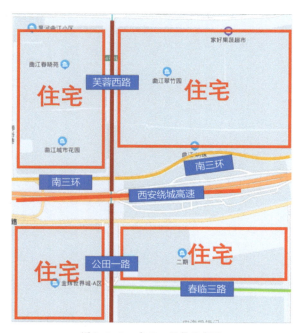

图 3-1-1 交叉口区位示意图

该交叉口现状交通流量的统计，如表 3-1-1 和表 3-1-2 所示。

表 3-1-1　南三环 – 芙蓉西路高峰流量

进口道		交通量 /（veh/h）	大车率	占比	进口道流量 /（veh/h）	备注
北进口道	–	–	–	–	494	
	直行	428	6%	86%		
	右转	66	8%	14%		
东进口道	左转	466	4%	26%	1759	
	直行	1213	3%	69%		
	右转	80	4%	5%		
南进口道	左转	901	5%	57%	1502	对应相位：左转放行时间 55s，直行放行时间 100s
	直行	601	8%	43%		
	–	–	–	–		

表 3-1-2　南三环 – 芙蓉西路平峰流量

进口道		交通量 /（veh/h）	大车率	占比	进口道流量 /（veh/h）
北进口道	–	–	–	–	540
	直行	465	3%	86%	
	右转	75	1%	14%	
东进口道	左转	405	3%	26%	1541
	直行	1082	4%	70%	
	右转	54	4%	4%	
南进口道	左转	739	6%	68%	1084
	直行	345	4%	32%	
	–	–	–	–	

目前，交叉口的信号配时为三相位，平、高峰配时图如图 3-1-2 所示。

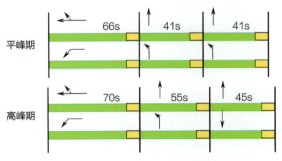

图 3-1-2　交叉口信号控制相位示意图

（2）问题分析

根据多日持续观测，目前交叉口东进口、南进口交通拥堵较为严重，主要问题如下。

1）曲江一期与二期及航天城前往高新、电视塔方向目前只有公田一路、雁塔南路等少数南北主要通道，路网通达性不足，出行路线可选性较小。

2）曲江二期居住区较多，早晚高峰时段车流集中，导致南三环与芙蓉西路交叉口、南三环与雁塔南路交叉口交通压力极大。特别是南三环与芙蓉西路十字路口，高峰时段南进口左转车道长期处于过饱和状态，左转车流排队已至公田一路口，严重影响了南三环南向北方向直行车辆的通行，造成十字路口交通拥堵频发。

3. 优化思路

1）根据路口交通流的特点，因地制宜采用"借道左转 + 可变车道"的组合交通组织方式，充分利用现有道路资源缓解主要交通流向的交通压力。

2）优化芙蓉西路与南三环交叉口下游路段的渠化及交通组织引导，解决由于上游路口交通压力过大所引发的拥堵蔓延问题。

4. 优化措施

（1）借道左转 + 可变车道

启用"借道左转 + 可变车道"的通行模式，将交叉口南出口道最内侧车道调整为借道左转车道，允许由南向西左转车辆从缺口处驶入，针对不同时段通行需求差异问题，充分利用道路资源缓解排队过长、路口通行效率低下等问题，如图 3-1-3 所示。

图 3-1-3　借道左转行驶示意图

（2）"引导+指示"

通过设置交通信号灯、标志、标线，提前将排队车辆引入借道左转车道，可变车道的车辆根据车道上方可变标志及信号灯有序通行，如图3-1-4所示。借道左转车辆的通行步骤如下。

1）在左转车辆到达交叉口前，前方会有明显的提示标志提示借道左转车道，驾驶人可按照信号灯指示通行，如图3-1-4所示。

图3-1-4 标志标线设施设置图

2）车辆行驶至借道左转入口处，如遇左转绿灯，车辆可借道左转；黄灯亮起后，车辆禁止借道左转，如图3-1-5所示。

图3-1-5 车辆通行情况

3）左转车辆按照信号灯通行，顺利左转通过路口，完成整个借道左转过程，如图3-1-6所示。

图 3-1-6　借道左转车辆行驶情况

5. 优化效果

1）充分提高交叉口的道路空间资源利用率，大幅提升高峰时段特定流向交通流的通行效率。

2）由点及面，通过治理单个交叉口提升整个片区路网通行效率。

选取优化前后工作日内平均车流量进行对比，结果如图 3-1-7 所示。

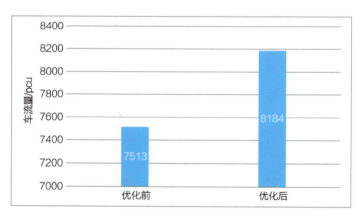

图 3-1-7　优化前后高峰时段（2h）车流量对比图

从图 3-1-7 中可以看出，优化前高峰两小时内通过的车流量约为 7513 辆，优化后高峰两小时内通过的车流量约为 8184 辆，通行效率提升约 8.94%。

6. 案例小结

通过采用"借道左转＋可变车道"交通组织模式，大幅提升了该交叉口南进口道左转交通流通行效率。将十字南口由北向南方向最内侧的车道开辟为借道左转车道，允许由南向西左转车辆从缺口处驶入借道左转，避免因左转、直行车辆交通流量变化后造成车道闲置，极大地缓解了排队车辆过长、路口通行效率低等问题。

3.2 深圳景区预约出行设计

深圳市东部景区节假日交通拥堵问题突出，存在较大安全隐患。深圳市公安局交通警察局试行了东部景区预约通行管理措施，通过预约系统进行节假日期间的景区预约，对景区的来访人数、交通流量进行控制，避免道路交通拥堵至瘫痪状态。预约通行的效果较为理想，没有大幅消减假日交通量，且提升了景区的整体交通安全状况和旅游品质。

1. 现状及问题分析

2017 年五一假期期间，通过盐坝高速前往深圳市东部梅沙、大鹏两个景区的车辆日均达 50 510 辆，较 2016 年同期增长 11%，造成了东部交通大面积、长时间拥堵。2017 年 5 月 1 日当天盐坝高速双向拥堵里程达 21.9km，较 2016 年同期增长 36%，东西双方向拥堵时长达 21.5 个小时，较 2016 年同期大幅增长 7 个小时，东部景区的来访人数、交通流量、拥堵指数均达到了历史最高值，如图 3-2-1 所示。

图 3-2-1　东部景区道路拥堵严重

东部景区节假日交通拥堵问题是长期困扰深圳交通的痼疾，具体存在以下问题。

（1）片区内部道路资源有限，供需失衡

东部景区南侧靠海，整体属于末端交通区位形态，路网密度低，停车位严重不足，道路资源及通行能力极为有限，旅游旺季交通供需失衡，对片区居民的工作、生活、商业活动造成了严重影响。

（2）存在严重的安全隐患

东部景区通路唯一、路网弹性差、沿线长隧道密布。大梅沙等隧道假期交通状况严重超饱和，车辆在隧道内滞留时间接近 1 个小时，且没有救援通道；大鹏半岛内存在大量油气存储设施和核电等重大危险源，一旦发生安全问题，后果将不堪设想。

（3）景区未来压力巨大

2018 年，随着各项立交、城市快速路、高速公路、各类通道改造工程陆续开工，东部景区交通拥堵逐年递增，梅沙、大鹏景区的交通压力必将进一步增大，将达历史最高水平。

（4）常规交通管制措施作用不明显

为解决上述问题，曾采取了划设公交专用道、交通截留管制、试行单双号通行等多项措施，但实施效果不明显，难以从根本上解决问题。

2. 优化思路

国务院印发的《关于促进旅游业改革发展的若干意见》提出："抓紧建立景区门票预约制度，对景区游客进行最大承载量控制。"近年来，对重点景区采取车流、人流预约，以及禁行、管控措施已经被各地广泛采用。例如，深圳对仙湖片区采取了春节期间小客车禁入措施后，整个仙湖片区交通秩序大幅改善，交通拥堵得到了缓解。深圳交警又于 2018 年提出并试行梅沙、大鹏两个片区预约通行计划，主要有以下思路。

（1）明确预约车辆类型

主要目标是限制小客车等私人交通，保障公共交通及片区内部车辆通行。

（2）确定预约渠道

为了充分推行预约通行管理，避免因渠道单一造成预约效果较差，应综合采用微信、手机 App、官网等多渠道预约的形式。

（3）确定预约配额

根据往年景区交通量的统计分析，合理确定预约配额，在旅游不受较大影响的前提下使得整体交通量可控。

（4）划分预约时段

将预约交通流平均分配到全天不同时间段，削减单位时间流量。

（5）全方位宣传准备工作

通过提示标牌、诱导屏及传统媒体全方位宣传，充分征求民意，利用车牌识别断面及预约监控平台实时掌握预约车辆动态，保证方案顺利实施。

3. 优化措施

（1）明确预约车辆类型

1）限制旅游私人交通。预约通行措施要求 9 座以下小型客车，必须经预约成功，才能进入迭福山隧道以南区域。

2）**保障旅游公共交通**。10 座以上客车、公交车、出租车及救援车辆不受限制，保障旅游公共交通通行。

3）**保障片区内部车辆通行**。对大鹏半岛内单位、居民的车辆统一予以备案，不受预约通行政策的影响，如图 3-2-2 和图 3-2-3 所示。

图 3-2-2　预约系统界面

图 3-2-3　大鹏半岛片区预约通行区域

（2）确定预约渠道、预约配额和预约时段

1）**开发软件，明确预约渠道**。深圳交警组织开发了专用预约软件，通过深圳交警微信公众号、深圳交警官网、宣传折页二维码等入口都可以进入预约界面，同时设有企业预约账户为企业提供服务。

2）确定一定的预约配额。区分节假日和非节假日，每天确定一定的预约配额（如 2 万个），达到配额后车辆不能再进行预约。

3）划分不同预约时段。将全天划分为三个预约时间段，分别为 0 时至 12 时、12 时至 18 时、18 时至 24 时，削减旅游高峰时段单位时间流量，"削峰填谷"，在道路资源一定的前提下，充分挖掘时间资源，将超负荷流量重新分配，如图 3-2-4 和图 3-2-5 所示。

图 3-2-4 东部景区预约通行渠道

图 3-2-5 微信公众号东部景区预约通行界面

（3）做好宣传准备工作

1）组织了新闻发布会，进行电视、广播、报纸滚动发布并专程前往广州、东莞、惠州当地进行新闻报道；增设了预约通行提示标牌，在全市交通诱导屏轮播预约通行提醒；印制了4万张带有预约通行二维码的宣传单在高速公路收费站、服务区发放,如图3-2-6所示。

2)召开企业居民代表座谈会,同时通过微信公众号等渠道进行问卷调查,广泛收集意见。

3)组织编写了《大鹏半岛预约通行勤务管制方案》《大鹏半岛预约通行应急维稳方案》《大鹏半岛预约通行宣传专项方案》等文件,并委托专业单位编制了风险评估报告。

4)增设了车牌识别断面,开发了东部预约监控平台,实时掌握交通状况和预约车辆动态。

图3-2-6 预约通行宣传折页

4. 实施效果

（1）预约情况良好，未影响外地旅游车辆

方案试行后，2018年五一假期三天内，大鹏半岛累计总预约车辆数为47 109辆，平均每日预约车辆数为15 703辆，占每日2万预约配额指标的78.5%。受气温及"中考"等因素影响，假期第一天离深外出车辆相比2017年同期有所降低，来深车辆与2017年同期基本持平，导致全市各大景点游玩人数同比2017年均有所下降，整体大鹏半岛内交通流量比2017年同期下降约34%。深圳交警在第二天进行了有针对性的宣传和增发临时预约配额，引导交通量回复到正常水平。假期三天大鹏半岛内实际车辆进入数为84 814量，仅比2017年"史上最堵"的五一假期交通量减少9.5%，接近夏季假期的平均车流水平，如图3-2-7所示。

图3-2-7 预约通行措施试行后五一假期景区通行实况

在预约车辆中，深圳车辆占比为55%，外地车辆占比为45%，与2017年"五一"44%的外地车比例持平，侧面证明了预约通行措施宣传有效，并未影响外地车辆来深旅游。

（2）交通拥堵指数明显下降

尽管预约通行期间日均车流量达到了2.8万辆，接近夏季假期日均3万辆的交通流量，但由于预约通行措施将交通流平均分配到全天三个时间段，充分利用了道路资源，2018年五一期间的平均车速为近三年最高且拥堵指数为近三年最低：整体平均车速为33.55km/h，提升了51.5%，其中大鹏、南澳交通片区平均车速分别为42km/h、25.1km/h，比2017年五一期间分别提升了53.8%和47.6%；拥堵指数方面，大鹏及南澳片区拥堵指数均达到近三年的最低值，平均拥堵指数2.1，处于基本畅通状态，比2017年同期的3.5，降低了40%，其中大鹏片区及南澳片区拥堵指数分别为0.8和3.4，南澳片区拥堵指数下降了26.1%，大鹏片区下降了66.7%。较场尾、西涌、杨梅坑等景区人数和车辆都基本饱和，景区道路未出现明显拥堵警情，整体通行处于平稳、可控状态，半岛内主要道路全天均维持"畅通"等级，如图3-2-8所示。

第 3 章　交通资源优化配置及协同调度实践案例

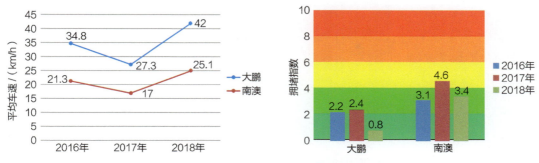

图 3-2-8　大鹏、南澳片区平均车速变化及拥堵指数变化情况

（3）交通安全状况大幅改善

2018 年"五一"假期期间，大鹏交警大队接到的事故警情和拥堵警情数量分别比 2017 年同期下降 94% 和 93%。由于道路畅通，交通事故应急救援时间大幅缩短。例如，假期前杨梅坑景区发生了一起伤人交通事故，铁骑队员护送 120 救护车仅用了 55min 就将伤者送往医院救治，比去年同期通行时间缩短至少 2 小时，为生命营救赢得了宝贵的时间。

（4）全市交通得到有效疏导

大鹏半岛预约通行措施对全市交通也起到了积极作用，以往由于半岛内交通过饱和，导致车流倒灌盐坝高速，车流向北倒灌至坪山区东纵路口，严重影响坪山区东西干道交通，也基本瘫痪了盐坝高速东行交通。同时，由于深盐二通道至盐坝高速交通量过大，队尾排至沿河路，对周边道路及片区都产生了严重影响。此次预约通行方案实施后，罗湖区交通基本不受假日东部交通影响，一直维持在正常运行水平，如图 3-2-9 所示。

图 3-2-9　预约试行后盐坝高速葵涌收费站交通运行实景

（5）半岛内商户受到的不利影响有限

五一假期第一天，受全市整体出行率不高影响，西涌和东涌的停车场使用率为 60%，杨梅坑的停车场使用率为 70%，景区热门酒店民宿入住率在 80% 左右，部分民宿入住率在 30% 左右，入住率下降比较明显。第二天交通量即基本恢复过往水平，东涌、西涌和杨梅坑停车场的使用率达到 100%，民宿整体入住率有所上升，虽然仍低于 2017 年五一假期

入住率，但游客的整体旅游体验得到了大幅改善，旅游品质得到了有效提升。在大鹏区政府收到的 278 条舆情当中，正面 125 条，负面 32 条，中性 121 条，证明在当地经营者当中，持正面声音的居多数。

5. 案例小结

大鹏半岛预约通行措施在没有大幅消减假日交通量的情况下，合理分配了交通的空间资源和时间资源，保证了半岛交通的有序、畅通、安全、可控，提升了半岛的安全状况、环境体验和旅游品质，解放了东部沿海东西轴向交通，改善了市区的交通状况，下一步深圳市将继续扩大预约通行的范围和时段，将可控式预约通行管理不断优化提升。

旅游景区交通拥堵已经逐渐成为城市交通管理难点，旅游旺季进出景区通道拥堵、秩序混乱、事故多发等问题突出。针对于此，深圳交警创新预约通行，在保障公共交通及片区内部车辆不受影响的前提下，通过限制私人交通，规定预约配额，划分预约时段，削减单位时间交通流量，并开发预约软件配合全方位宣传，保障了预约通行方案的顺利实施。

3.3 广州有轨电车：绝对优先控制

1. 案例简介

作为新型的交通工具，有轨电车能解决地铁不能覆盖的城市重点区域交通。它具有节能环保、安全高效、运量大的特点，还能兼顾旅游观光功能，提升城市形象。目前，广州有轨电车位于海珠区的琶洲片区，线路全长 7.7km，始于万胜围站，止于广州塔站，共设 11 座车站，全为地面站；平均每站间距 0.784km，如图 3-3-1 所示。

图 3-3-1 有轨电车路线总览图

2. 现状及问题分析

（1）有轨电车路口类型

广州有轨电车由万胜围至广州塔之间所经路段的路口特征有所不同，根据路口的设置情况，有轨电车路口可以划分为 3 个类型，具体如下。

1）行人过街路口且仅有行人和电车通过。有轨电车路口类型为行人过街且位于社会道路外侧，没有社会车辆通行需求，路口信号灯不需兼顾社会车辆通行需求，如图 3-3-2 所示。

2）行人过街路口且存在社会车辆通行。路口类型为行人过街，有轨电车轨道位于社会道路中间，路口同时存在有轨电车与社会车辆，但两者物理隔离，行人完整过街需穿越社会车道与电车车道，如图 3-3-3 所示。

图 3-3-2　行人过街路口且仅有行人和电车经过

图 3-3-3　行人过街路口且存在社会车辆的有轨电车路口

图 3-3-3 行人过街路口且存在社会车辆的有轨电车路口（续）

3）非行人过街路口且社会车辆与电车存在交集情况。此类路口非行人过街路口且有轨电车行驶路径需横穿路口，社会车辆与有轨电车通行路线存在交集，没有物理隔离，如图 3-3-4 所示。

(2) 问题分析

1）有轨电车采用电池供电方式驱动，轨道沿线没有敷设直供电缆，电池的续驶能力，要求电车的行程时间在确保交通安全与运载需求的前提下尽可能短。

2）当有轨电车路口为仅有行人过街类型时，由于电车的到达离散和间隔时间较长，若采用常规的电车与行人轮流放行方式，易造成行人等待时间过长，引发行人闯红灯现象。

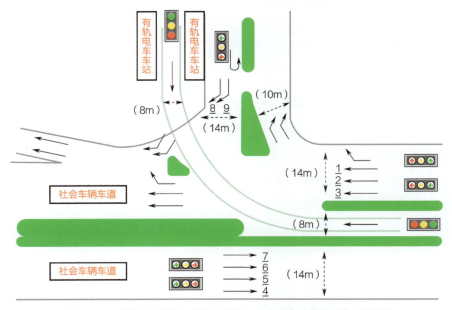

图 3-3-4 非行人过街路口且社会车辆与电车存在交集的有轨电车路口

图 3-3-4　非行人过街路口且社会车辆与电车存在交集的有轨电车路口（续）

3）有轨电车与社会车辆存在通行路径交集的路口，响应有轨电车优先信号时，需满足社会车辆最小绿灯及正常过渡时间，保障基本放行需求。

3. 优化思路

有轨电车沿线的信号控制路口均采用绝对优先控制策略，常规时段有轨电车具备路口的时空优先通行权，敷设在轨道上的信标在感应有轨电车到达时，实时触发信号机执行电车优先相位，降低有轨电车在信号控制路口的通行延误。

4. 优化措施

（1）有轨电车绝对优先控制模式

根据有轨电车路口的设置形式，有轨电车的绝对优先控制方案分为两类。

1）当路口为仅有行人过街类型时，有轨电车信号灯常红，轨道行人信号灯常绿，当有轨电车通过路口时，轨道行人过街信号灯切换为红灯，有轨电车信号灯切换为绿灯，待有轨电车驶离后，恢复原行人常绿、电车常红设置。如路口存在社会车辆通行，社会车辆及相应的行人与有轨电车及轨道行人信号分开控制，社会车辆采用常规相位轮转放行，如图 3-3-5 所示。

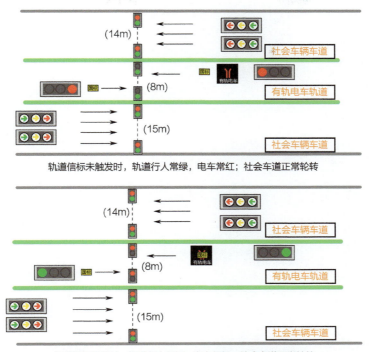

图 3-3-5　有轨电车绝对优先控制模式一示意图

2）当为非行人过街路口且存在社会车辆与电车有交集情况，除社会车辆正常放行的相位外，增设有轨电车优先相位，在常规情况下，有轨电车未到达时，运行社会车辆通行相位，有轨电车为红灯；当有轨电车即将到达路口时，在满足社会车辆最小绿灯的前提下，提早结束常规的社会车辆放行相位，并调出有轨电车优先相位，并在结束预设（可根据实际调整）的绿灯时间后恢复正常的放行方式，如图 3-3-6 所示。

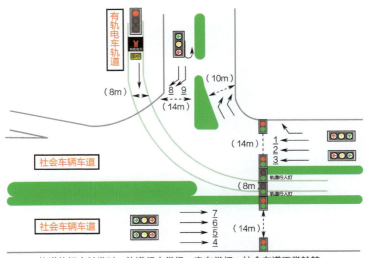

图 3-3-6　有轨电车绝对优先控制模式二示意图

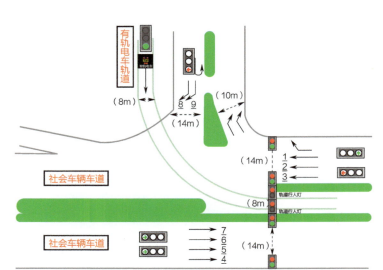

轨道信标触发时，轨道行人红灯，电车绿灯；与轨道冲突流向的车流红灯禁行，非冲突流向保持绿灯通行。

图 3-3-6　有轨电车绝对优先控制模式二示意图（续）

（2）有轨电车倒计时

针对有轨电车体积大，起停耗时长的特点，为确保发生红绿灯切换时，有轨电车在起停阶段的交通安全，对沿线有轨电车信号灯增加倒计时提示，列车驾驶人可根据信号倒计时情况，提前执行电车起停动作，提升信号控制路口交通安全与秩序。

（3）优先信号触发方式

除了轨道信标触发优先信号外，有轨电车驾驶舱与电车站台均设置触发按钮，在轨道信标失效或存在其他特殊需求时，可以确保有轨电车正常运行。

5. 实施效果

自 2015 年初开放运营至今，广州有轨电车承担客运量超 1800 万人次，列车平均准点率达 99.99%，高峰时段最短行车间隔缩短为 5min25s，并保持 0 交通事故和 0 安全生产责任事故，0 有责客伤记录。交通信号控制与有轨电车实际通行需求的有效匹配，极大提升了琶洲区域的公共交通运输的效率与运行安全。

6. 案例小结

有轨电车作为一种新兴的公共交通工具，具有运载量大、建设周期小、成本低、节能环保的优势，近几年在国内很多城市得到推广。有轨电车相应的信号控制也面临着各种不同形状路口的控制需求，本节对广州目前应用的三种有轨电车控制方式及相应的配套设施进行了介绍，以期对现有的有轨电车控制起一定的参考作用，未来随着有轨电车的推广，有轨电车的运行也将出现更加复杂的控制模式。

3.4 十四届全运会专用车道服务

1. 概况

2021年9月15日至9月27日，第十四届全国运动会在陕西省举办，西安市作为主会场所在地，承担了开、闭幕式及30项比赛、16类服务对象的交通保障工作。

为了确保在陕西举办的第十四届全国运动会开、闭幕式及各项赛事的顺利进行，西安公安交警围绕赛事车队出行重点线路构建了39条、长达127.4km的全运会专用车道系统，并设置了包含标线、地面标识及标志等设施，经过科学规划、广泛宣传、执法保障，在保障全运会专用车道高效利用的同时，也保证了其他社会车辆良好的运行秩序，如图3-4-1所示。

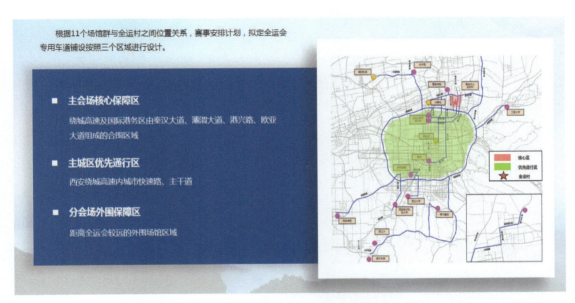

图3-4-1 第十四届全国运动会交通保障区

2. 前期经验

当然，专用车道的设置在西安并不是首例。在之前全国举办的各种大型活动中，常能找到专用车道的身影。

（1）天津十三运专用车道

2017年，在天津举办第十三届全国运动会期间，天津市在全运村、外环线、比赛场馆群等车辆较多、赛事密集处的道路上，增设了近百千米的全运会专用车道。为了减少全运会车辆对左右转向车辆的干扰，选择将道路内侧第二车道设为全运专用车道，为保障参赛运动员安全和准时抵达赛场起到了有效作用，如图3-4-2所示。

图3-4-2 天津十三运专用车道

（2）武汉军运会专用车道

2019年，在武汉举办第七届世界军人运动会期间，武汉市交管部门在连通军运村和各竞赛场馆之间的道路上，设置了长达174km的"军运会专用车道"。采取比赛期间每日7:00-22:00，仅允许持有"军运会专用车辆通行证"的车辆及执行任务的警车、消防车、救护车、工程救险车通行的交通管控政策。一条条"空"出来的车道，成为城市一道美丽的风景，得到了参赛外国运动员的高度评价，如图3-4-3所示。

图3-4-3 武汉军运会专用车道

3. 优化措施

（1）科学统筹谋划，树立行业标杆

按照十四届全运会交通保障工作要求，西安公安交警科学统筹谋划，借鉴天津十三运、武汉军运会等城市大型活动专用车道的设置经验，结合全运村及各场馆区域布设，提出了科学规划、创新建设以及精准管理的总体思路。执行中，以"核心区靠左、主城区靠右、快速路优先、公交道并线，分时段管控"为基本原则，实行"地面标识+告知标志+引导标线+地面文字"的创新配套设施总体设计，规划了精准出行信息发布与柔性执法保障双支撑的总体策略。在奥体中心周边及"17+25"条涉赛、迎宾线路上，选取车队通行高频次线路，设置全运会专用车道127.4km，形成了成网、成片的专用车道系统，确保市民"看得见、看得懂"，赛事车辆"走的畅、行的安"，明晰交通语言，在保障赛事车队通行安全、畅通的同时，最大限度减少对市民的影响，如图3-4-4所示。

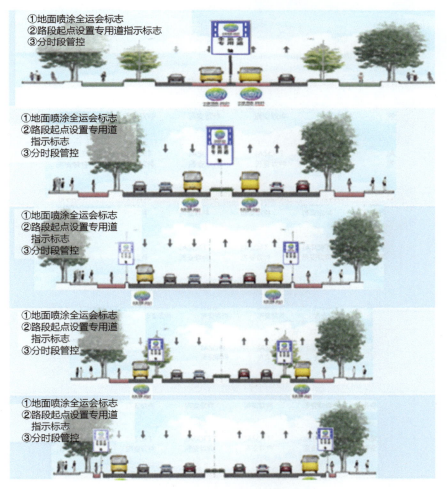

图3-4-4 十四运专用道设置原则

（2）创新设施配套，夯实应用效果

为了更加明晰地引导赛事车辆和群众出行，西安公安交警在国家标准规范要求的"地面标识+告知标志+引导标线"的配套设施基础上，富有创新性地增加了"地面文字"和"临时性移动标志"等设施的指引，进一步加强对专用道的明确和警示。同时，在相关高速公路上，以 1~1.5km 的距离进行设施的加密设置，最大限度地保障专用车道的效果。最终共计铺设地面标记 408 面，各类引导及配套标志 622 面，施划引导文字 408 组，引导交通标线两千余平方米，如图 3-4-5~图 3-4-7 所示。

图 3-4-5　全运会专用车道地面标识

图 3-4-6　全运会专用车道告知标志

图 3-4-7　全运会专用车道引导标线

（3）人性执法支撑，彰显法治精神

西安公安交警充分践行以人为本的执法理念，十四运开始前，设置了专用车道启用过渡适应期和正式启用期两个阶段，采用空中无人机喊话、路面交警铁骑与勤务岗位配合，以及后台违法信息精准推送等方式，以劝离、曝光和教育等人性化执法为主进行管理，特别是对首次违法占用专用车道只警告不处罚，柔性管理手段进行执法管理，取得了市民的理解和支持，彰显了城市管理温度，在十四运交通保障和城市日常出行之间，全力争取共赢的最大"公约数"，如图 3-4-8 所示。

图 3-4-8　人性执法

十四运举办期间，西安公安交警坚决贯彻城市交通精细化管理理念，广泛对全社会进行宣传和倡议，每天发布精准的全运会专用通道管控提示、出行指南，按照赛程安排分批次、分时段、分路段启用全运会专用车道设置，并联系高德、百度等电子地图供应商增加导航语音提示，不断加强专用车道交通管理，全力扩大市民知晓面和覆盖度，如图 3-4-9 所示。

图 3-4-9　互联网 App 联动

4. 实施效果

为测试方案可行性，在全运会开始前，西安公安交警在国际港务区奥体中心周边铺设了 8.4km 全运会专用车道进行试点，经过前期部分全运测试赛的测试，运行情况良好。

通过西安交警大数据平台及高速公路管理中心，抽样采集赛事较为集中的 9 月 22 日绕城高速（外环）流量数据分析得出，在全运车道启用的早 7 时至晚 17 时，两条社会车道与全运专用车道交通流量比为 2.43∶2.41∶1；平时需要 40min、50min 的路程，通过全运会专用车道只需要 30min 左右，不难看出专用车道的使用效果。有位市民这样说："虽然高峰期有些堵车，但把畅通留给运动员，也是普通市民给全运会做的贡献。"

5. 案例小结

此次全运会"专用道风景"展示了西安城市形象和市民素质，提升"尊法守法、依法治理"的法治环境，为全国公安在交通保障工作中积累了宝贵的经验，在实现城市交通管理跨越式发展中具有重大意义。同时，西安公安交警倡议广大市民充分发挥城市主人翁精神，使城市新的交通文明得以倡导和养成，并成为现代化西安城市精神文明的新名片。

3.5 网约车驾驶人与乘客群体的调度——以北京为例

1. 案例简介

出租车为人们提供了方便灵活的出行服务，在公共交通中扮演了重要角色。出租车在道路上空载行驶寻找乘客的过程，称为空车巡游过程。这一过程可能会占到出租车驾驶人工作时间的 50% 以上，降低了出租车的运营效率。近年来移动互联网兴起，网约车逐渐成为大众常用的一个出行选择。但是在实际生活中，却有乘客抱怨打不到车，与此同时其他地方的驾驶人却没有订单接，长时间空驶。这就是典型的供需不平衡问题，即乘客和驾驶人的自然分布出现了错配。这一方面让很多乘客的出行需求得不到满足，另一方面也让很多驾驶人空驶等待，运力资源无法充分利用。在这种条件下，应该考虑调度空闲的在线驾驶人到需求较多的区域。

2. 现状及需求分析

在网约车平台上，驾驶人和乘客向平台上报他们的实时位置，平台通过集中决策机制来完成驾驶人和乘客间的匹配。在这种情况下，驾驶人可以在实际见到乘客前就接到该乘客的订单，因而空车巡游的目的不再是寻找乘客，而是寻找下一个乘客或一个接到订单概率更高的地理区域或者路线。

本质上来说，空车巡游是由供给和需求间的不平衡导致的。在早高峰驾驶人将一位乘客从家送到办公室后，由于此刻办公区域乘客需求很少，驾驶人必须再次回到住宅区才能有比较大机会接到下一单，如图 3-5-1 所示。

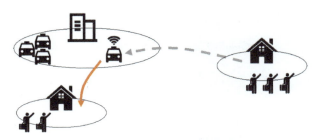

图 3-5-1 供需不平衡示意图

这个问题实质上就是一个"驾驶人调度"问题，即平台会通过一定的交互过程打断驾驶人自发的空车巡游过程，将他们引向一个更可能接到单的目的地。受益于供需两侧丰富的实时信息，平台可以通过调度改善驾驶人个人的体验，同时提高平台整体的效率。

目前而言，智能分单系统主要面临以下几个方面的挑战。

（1）超大规模的在线匹配计算

网约车的需求量较大，计算的效率是一个非常重要的问题。

（2）瞬息万变的车辆、交通、路况

实际上，在实际的派单过程中，不仅仅需要考虑当前时刻的最优，还需要考虑未来一段时间整体的最优，新来的乘客会在整个分配的网络中实时插入新的节点。如何更好地进行分配也就发生了新的变化，因此在进行算法设计的过程中，不能简单运行"贪婪算法"，而应当考虑使用一种"全局最优"策略。

（3）力求做到最大化用户的出行效率和出行体验

目前阶段，关于派单的模式，也不止一种。Uber 主打是强制派单模式，旅客通过 Uber 发出订单之后，需求会直接推送给某一位驾驶人，如果驾驶人在 20s 内接单，则订单成交。如果 20s 后驾驶人仍不接单，那么系统会再把订单派给另外一位驾驶人，继续等 20s，这种调度模式的优势是用户体验比较好，可以快速连接打车需求和驾驶人端，但是这种调度模式依赖的匹配算法上的技术挑战会比较高，需要准确匹配"乘客需求—驾驶人供给"的模型，每个订单通过算法（包括是否可用、以往评价等因素），决定了驾驶人和车辆的推荐顺位，如果不能很好地匹配和推荐，会导致系统转派指标值大幅上升，但是从目前实际运行效果看，这种调度算法运行还算是不错的。

与 Uber 派单模式存在不同的是，滴滴采用的是抢单模式，乘客通过滴滴发出一个订单后，系统会把这个需求推送给多位符合条件的驾驶人，如果所有驾驶人都拒绝后才会进行第二轮派单。这种模式的优势在于一开始就可以加大范围推送给驾驶人，由驾驶人端来进行抢单，对于调度算法的准确性要求不算太高。但是这带来了一个问题，如何有效规避驾驶人"挑肥拣瘦"、最大程度让乘客订单呼叫都得到满足，让乘客获得更好的出行体验。"滴米"在驾驶人端的体现是一种虚拟积分。对于驾驶人来说，行驶里程多、道路状况好的"好单"会扣除滴米，而行驶里程较少、道路状况拥堵的"坏单"的驾驶人则会奖励"滴米"。如果乘客发出叫车需求，而此时有两辆车与乘客的距离是一样的，那么驾驶人谁的"滴米"多，就由谁获得这个订单。

3. 设计思路

（1）调度任务的步骤

目前考虑设计的思路，是基于抢单模式的一种补充，形成抢单 + 派单混合模式来调度。通常而言，一次调度任务包括了 3 个步骤。

1）告知驾驶人一个明确的调度目的地。
2）在下发调度任务后追踪驾驶人的行为，判定调度任务是否成功。
3）在调度任务失败时为驾驶人提供补偿。

（2）订单分配流程

根据以上任务，对于分单系统的问题进行如下的定义，并给出相关规定。
1）输入：待分配的驾驶人群、乘客群。
2）输出：所有待分配驾驶人和乘客群体的匹配结果。
3）目标：用户体验平台效率。
4）建模：通过组合优化的方式进行。
5）匹配度：通过机器学习与特征工程的方式进行计算。
6）在线求解：通过匹配结果与运筹规划的方式进行。
完整的订单分配流程，应当包含以下几个方面。
1）获取当前待分配的驾驶人和订单集合。
2）根据驾驶人、订单 id 向特征服务器拉取特征。
3）计算驾驶人抢单的概率矩阵。
4）将分配结果下发至驾驶人客户端。

4. 建设方案

根据上述内容，对具体部分进行细化，其中关于模型的输出上，通过驾驶人－乘客分配矩阵来进行表示，具体公式如下：

$$a_{ij} = \begin{cases} 0, & \text{订单 } i \text{ 不分配给驾驶人 } j \\ 1, & \text{订单 } i \text{ 分配给驾驶人 } j \end{cases}$$

一个订单同时可以分配给多名出租车，多名出租车驾驶人同时抢单，先抢先得。同时，一个驾驶人同一时刻只能分配给 1 个订单，如图 3-5-2 所示。

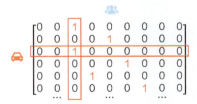

图 3-5-2 订单分配逻辑图

对于订单分配问题的目标，这个问题的难点在于分配之前对目标变量的估计，这里通过 ES 给出估计，其中：

① 所有订单的应答率最大，$E = \dfrac{\text{有驾驶人应答的订单}}{\text{所有订单}}$

② 所有驾驶人的抢单成功率最大，$S = \dfrac{\text{抢单成功次数}}{\text{所有抢单次数}}$

对于抢单率的估计，采用特征训练的方式，通过路网信息、GPS 信息、实时路况、实时天气、乘客属性、驾驶人属性等相关数据进行收集，由此获取接驾距离、行驶距离、预期收入、用户偏好、供需状况的内容，将这些内容结合之后，由此可以得到时间特征、空间特征、历史特征、实时特征、个性化特征等内容，这些通过交互以及离线训练，赋予特征权重，如图 3-5-3 所示。

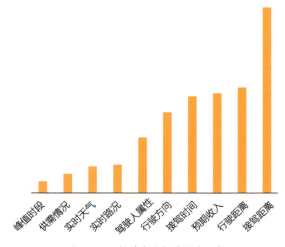

图 3-5-3　抢单率的相关影响因素

总体而言，驾驶人抢单率预估模型按照如下的流程进行计算。

1）Logs：播送日志、抢单日志。

2）Feature：时空特征、实时特征、个性化特征。

3）Model：采用 embedding、训练模型、预测模型。

4）Online：模型载入、特征抽取、实时计算。

在整体方案设计过程中，还需要对于问题有个合适的定义。经过综合考虑后，由于这是一个策略问题，因此考虑使用强化学习的方法，使得收益最大化，具体的问题定义可以考虑如下的方式：

Agent：驾驶人；

State：驾驶人所处的时间和位置；

Action：接单 or 等待；

Reward：综合收益（驾乘体验、平台效率）；

Value Function：在状态 S 的预期收益；

Environment：供需密度和供需分布。

由此，可以对整个模型进行建模，每个驾驶人作为一个独立的 Agent，订单分配系统看成是多个 Agent 的集合，然后将全局的收益分解成所有智能体之和。

5. 建设情况

根据上述的模型建设方案，按照要求一步一步建立起了整体的模型，然后在多个数据集上进行了实验，并将实验的最终结果与多个早期的 baseline 进行对比，证明了使用出行需求量预测模型的准确性和先进性。

在实际模型建设过程中，整个预测过程分为三个阶段。

（1）产生候选调度任务

筛选空闲时间超过一定阈值的驾驶人作为候选驾驶人。一般来说，空闲一段时间的驾驶人更需要在听单方面的帮助，也会更愿意接受调度。然后，为每个候选驾驶人筛选合适的候选调度终点。候选调度终点的产生方式有以下三种。

1）驾驶人所在位置周边格子，这些格子距离驾驶人较近，驾驶人更有可能前往。

2）在历史行驶轨迹中连续出现的格子，用于找到一些离当前位置较远、但是由于路网关系可以很快到达的地点。

3）全城热点格子，用于找到一些需求密集的地点。对于每一个候选终点格子，从格子内选择一个 POI 点作为调度的终点，然后根据驾驶人当前位置到调度终点的预计到达时间（ETA），来设置调度任务的过期时间。

为了保证良好的用户体验，引入了失败概率预测模型，保留失败概率不大于一定阈值的候选调度任务，并在任务失败的情况下为驾驶人提供一定的补偿。补偿金额与调度任务起终点间的距离有关。

（2）任务评分

任务评分度量了每一个候选调度任务可能为平衡供需分布、提高平台效率所带来的收益。

（3）规划

在第一阶段产生的候选调度任务集，并且在第二阶段得到每个候选调度任务的评分后，本模型采用规划方法从候选集中挑选出最终下发的调度任务。在规划方法中，以保障驾驶人体验作为约束，寻找使得平台全局收益最大化的一组最优调度任务。

整体的模型算法求解流程，如图 3-5-4 所示。

```
Algorithm 1 Proposed HillClimbing Algorithm
 1: procedure HILLCLIMBING(A, P)
 2:     for i ← 1, M do
 3:         D[i] ← j with the maximum probability P[i][j]
 4:     end for
 5:     for i ← 1, N do
 6:         E[i] ← success rate of order i with D
 7:         E0 ← average(E[i])
 8:     end for
 9:     for i ← 1, N do
10:         U ← drivers which not assigned order i
11:         for j ← 1, len(U) do
12:             k ← U(j)
13:             if replace D[k] with order i, E0 increases then
14:                 replace D[k] with order i
15:                 E[i] ← success rate of order i with D
16:                 E0 ← average(E[i])
17:             end if
18:         end for
19:     end for
20: end procedure
```

图 3-5-4　求解流程

在模型建设过程中，还需要考虑业务建模的层次优化，主要包含以下三个方面。

1）特征、参数调优、数据清洗方面的优化。

2）模型的优化：从线性模型向非线性模型转变。

3）问题目标和抽象方法方面的优化。

6. 建设效果

在框架设计中考虑了驾驶人接受调度的意愿等实际问题，所以直接在线上环境中评估框架的效果。经过多轮实验，对框架的整体效果和各个阶段的关键设计分别进行了评估。实验结果显示，与驾驶人自主巡游相比，应用本文提出的框架可以提高驾驶人效率，改善驾驶人体验，并且可以提高驾驶人总收入。边际增益函数、最小费用流模块、任务失败补偿等关键设计也都取得了正向的收益。这里选取北京的部分数据进行了分析，结果如图 3-5-5 所示。

在实验后，通过问卷调查收集了驾驶人们的反馈意见。在填写问卷的驾驶人中，有 64.6% 的驾驶人表示在下次收到调度任务时他们会选择接受。依据问卷调查结果，调度任务的 NPS 为 27.0%，这反映出驾驶人对调度任务的整体评价是非常积极的。

除了算法之外，整个系统的搭建也基本完成，这里展示一些可视化的分配结果如图 3-5-6 所示。

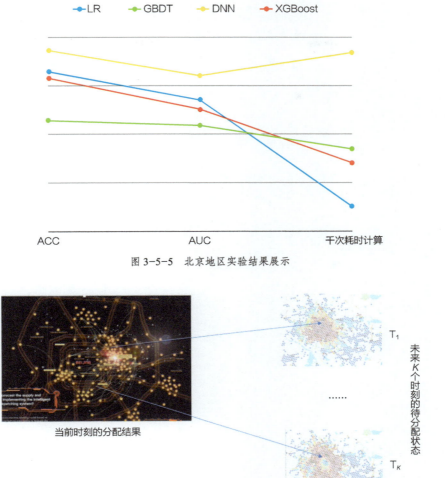

图 3-5-5　北京地区实验结果展示

图 3-5-6　分配结果展示

图 3-5-6 中既展示出了当前时刻的订单分配状态，也展示出了多个时间片之后的订单分配状态。

第 4 章

智慧公交出行实践案例

4.1　杭州市公交云大脑建设

4.2　需求响应公交在雄安新区的实践

4.3　苏州市"智慧场站"电子站牌研发建设

4.1 杭州市公交云大脑建设

1. 案例简介

自 2017 年起，杭州公交集团公交云构建和使用杭州公交数据大脑，采用边开发、边使用、边完善的办法，通过四年的努力，完成了公交数据大脑功能的开发，并全部交付杭州公交集团使用。作为跨时代的公交信息化系统和公交数字化改革的排头兵，公交数据大脑的使用效果也逐步得到了验证，尤其是它赋能了杭州公交集团精准服务、精确运营、精细管理等功能，实现了数字化转型升级，促进了稳客流、优服务、提效率。

2. 建设思路

公交数据大脑是基于新型互联网架构，采用云计算、大数据、AI 技术和数据安全等先进技术，结合公交运营业务和管理规范，对公交数据进行治理，融合多源数据，挖潜数据价值，应用到公交运营、服务和管理的平台型服务系统。

3. 建设方案

杭州公交数据大脑通过云管端的方式，将所有前端感知数据接入后端管理平台进行统一管理、数据分析、智能应用等，系统总体架构如图 4-1-1 所示。

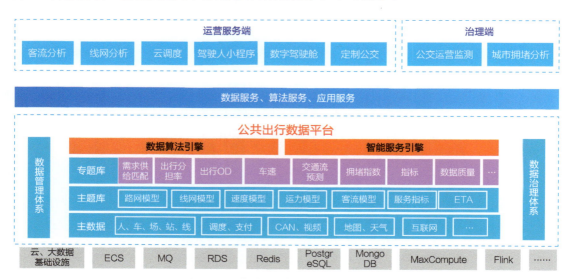

图 4-1-1　杭州公交数据大脑系统总体架构

杭州公交数据大脑总体架构主要分为云计算层、能力中台层、应用服务层这三层技术架构。

（1）云计算层

提供整个系统算力和存储，以及大数据平台组件等 IT 基础环境能力，采用强大的云计算平台架构，具有强大的虚拟化集群和并行计算能力，以及配套 IT 基础设施和环境。

（2）能力中台层

包括数据中台和业务中台。

数据中台是接收、清洗、整理公交基础数据、GPS、多源感知数据，以及其他异构数据，提供数据存储、数据治理、数据统计、数据筛选查询，确保数据准确性、唯一性，为上层智能应用提供标准化数据支撑。

业务中台是上层智能应用运行依靠的核心业务模型、算法、引擎，为上层应用精准、高效呈现和落地提供最贴合业务的能力支撑。包括路网模型、速度模型、线网模型、运力模型、客流模型、OD 模型、业务指标等一系列复杂的公交行业自研的数据模型。

（3）应用服务层

通过智能数据、核心算法、能力引擎，构建出客流分析、线网分析、云调度、运营分析、驾驶人服务、AI 定制公交、数字驾驶舱等一系列公交智能业务应用体系。为公交数字化转型落地奠定坚实信息化基础，也为城市拥堵治理、公交优先发展提供了大数据决策价值方案。

4. 建设情况

杭州公交数据大脑由八个模块组成，即主数据平台、客流分析平台、线网分析平台、云调度平台、运营分析平台、公交驾驶人服务平台、AI 定制公交平台、管理驾驶舱。杭州公交数据大脑主界面，如图 4-1-2 所示。

（1）主数据平台

实现人员、车辆、站点、线路、场站、区域等数据档案管理、数据质量巡检，确保基础数据的准确。

（2）客流分析平台

基于公交交易数据，融合了车辆定位数据、运营数据、出行服务数据、天气数据、互联网数据等，采用多种先进的算法、稽核和建模，对公交客流进行精准的统计。

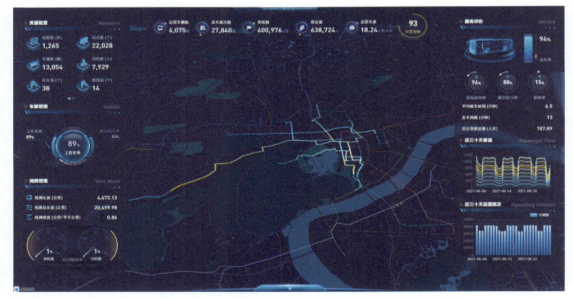

图 4-1-2 杭州公交数据大脑主界面

（3）线网分析平台

通过对线网、交通分区、站点和线路进行分析，对比公交线网、公交出行 OD、全域出行 OD，清晰了解公交线网、公交客流特征和城市居民公共出行的吻合度，从而梳理公交线网布置的薄弱点，评价线网布置、线路走向的合理性。

（4）云调度平台

根据公交公共数据平台的单程行驶时间和线网客流统计，结合运营车辆和劳动力的安排，按照公交的业务规程和作业流程，实现自动计划、智能排班、动态调度的功能，达到数字化、智慧化、精细化调度。

（5）运营分析平台

经对线路、车辆、人员等运营数据和指标完成情况，来分析车辆管理情况、人员管理情况、调度管理情况、计划管理情况、安全管理情况等，对异常事件、异常指标进行警示。

（6）公交驾驶人服务平台

根据公交车驾驶人的工作性质和业务需求，专门开发的公交驾驶人服务平台，可实现车载机和手机互动使用的方式，主要功能包括信息交互、运营指标查询、驾驶提醒、路线导航等功能。

（7）AI 定制公交平台

基于公交数据大脑的 AI 定制公交，实现数据规划线路，动态预约公交。

（8）管理驾驶舱

按照 1+8+X 的应用功能布置，设计了三级架构，一级全局驾驶舱；二级包括客流、线网分析等 8 个数字舱，以及可增加的数字舱；三级操作舱，实现对公交业务的展示、异常事件的预警和运营活动的指挥功能。

5. 建设效果

通过杭州公交数据大脑的建设，使用效果如下。

（1）公交基础数据更准确，数据维护更方便

通过建设公交数据大脑的主数据平台，实现公交核心数据治理、数据存储、数据维护、数据筛查等功能。目前，杭州公交线路、站点等静态数据的偏差检出率达到 100%，数据准确率达到 94.58%。

（2）数据支撑出行服务，信息服务更精准

通过数字化业务场景的应用和大数据治理所沉淀的高质量数据，来支持公交 App、小程序和电子站牌等公交服务平台，确保线路查询、站点查询、来车信息查询等信息服务更加实时、准确。

（3）客流分析更直观，数据应用更有效

基于公共交通场景海量数据，融合了互联网数据等多源数据，通过数据统计原理和算法模型，多维角度，全面精准分析客流分布规律和客流动态，全局呈现城市交通分区发生量、到达量和全域 OD 等。

（4）创新线网分析数字化，方便线路管理人员使用

基于多源数据，通过数字化、可视化、专业化快速呈现公交线网布局、线路走向和站点设置状况。

（5）实现数字化云调度，有效提高运营效率

采用人工智能和算法技术，减少 70% 以上的人工操作，提高自动调度的水平，实现动态调度。提高了人力资源的效率和线路运营效率。

4.2 需求响应公交在雄安新区的实践

1. 案例简介

《河北雄安新区总体规划》中提出要利用智能交通技术和装备，实现高品质、智能化的公共交通服务体系，其中按照"合乘共享"理念提出需求响应公交的新模式，实现公交车辆智能调度、动态响应需求、智能生成线路。本案例结合需求响应公交在雄安新区目前运营数据分析，探讨实际运营情况和效益分析，为未来需求响应公交的发展提供借鉴参考。

2. 现状及问题分析

（1）常规公交接驳效率低，等候车辆时间长

现状常规公交基本采用"定点、定线"运营方式，受运营效率制约，站间距一般在500~800m，普遍存在站点到起讫点"最后一千米"接驳效率低、等候车辆时间较长等问题，造成公交客流增长乏力。

（2）出租车和网约车加剧交通拥堵，绿色集约性相对较差

出租车和网约车是一种典型的"非定点、非定线"运营方式，能够实现门到门出行服务，但乘客对车辆的使用具有排他性，其对道路资源的占用、对交通拥堵的加剧、碳排放等方面与私人小汽车基本一致，绿色集约性相对较差。

（3）网约车多人合乘模式绕行距离较大

随着网约车的兴起，部分服务商试点了拼车模式，延续传统网约车"非定点、非定线"模式基础上，增加了多人合乘模式，但由于其仍延续了门到门的服务模式，往往存在不同订单之间乘客绕行距离较大，服务水平相比于传统网约车模式有较大幅度的降低。

3. 发展思路

雄安新区试运营的需求响应公交采用"定点、不定线"的运行方式，乘客通过App下单，默认接受合乘模式，调度平台会通过合乘模型算法对乘客和分配的需求响应公交车辆进行匹配，按照"一车对多人"的原则，顺路拼单模式进行派单。

站点布局覆盖主要客流点，并根据客流量动态优化调整，站点形式灵活多样，初期未做物理设施站台，主要利用建筑前区、地块出入口退线等空间；站间距200~600m灵活设置，受传统最小站间距的限制较少，基本能够做到与主要起讫点紧密结合，接近门到门服务，步

行接驳距离控制在 100m 左右。

运营初期车辆以 5 座新能源轿车为主。随着客流逐步增长，后期增加车辆以 13 座、低地板中小型客车为主，该型客车的净空、转弯半径和爬坡度与轿车接近，相对灵活，如图 4-2-1 所示。

图 4-2-1 运营初期车辆展示图

车费价格按照"略高于常规公交、但低于出租车的价格"进行定价，初期运营起步价为 4 元（含 3km），按人数计费，对一个订单中多人共同乘车的情况给予打折优惠，以合乘最远距离为基准进行打折，公交运营服务标准及收费规则如表 4-2-1 所示。

表 4-2-1 公交运营服务标准及收费规则

基准价		多人共同下单折扣率			
起步价（3km 以内）4 元	里程费（超出 3km）1 元/km	1 人，1	2 人，0.6	3 人，0.5	≥ 4 人，0.4

4. 运营情况

（1）客流时间分布

客流分布呈周期性变化，工作日时客运量较大，周末约为工作日一半，服务人群以通勤 + 商务为主。工作日呈现早、晚两个高峰，以服务通勤为主；平峰时段约为高峰时段客流的一半，以服务商务出行为主。周末客流量较小，平峰时段居多，其中在周日傍晚会出行小高峰，与新区现阶段工作人员家在外地、双城生活人口较多有关，如图 4-2-2 所示。

（2）客流空间分布

出行起讫点以办公类、居住类和交通枢纽类用地为主，呈现新区市民服务中心和白洋淀高铁站两大聚类中心。车辆运行速度达到 23km/h，与私人小汽车接近，如图 4-2-3 所示。

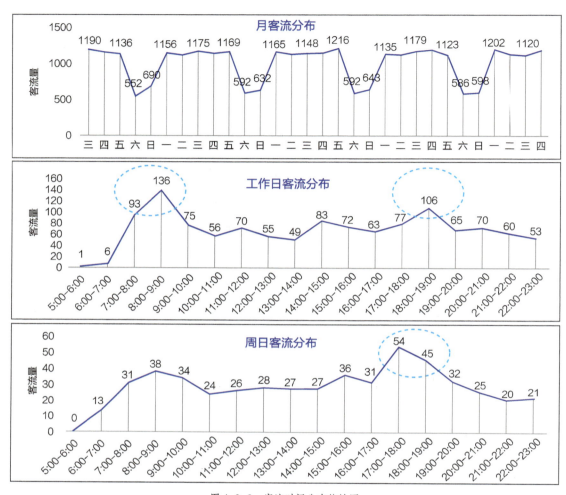

图 4-2-2　客流时间分布统计图

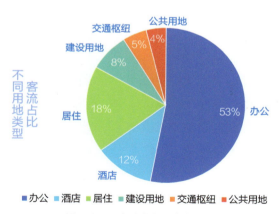

图 4-2-3　客流空间分布统计图

（3）出行时耗

乘客通过 App 叫车，平均等待时间为 7min。早晚高峰期间的等待时间较长，早高峰等待 11~13min，晚高峰需等待 10min 左右。以订单出行里程 4.2km 计算，需求响应公交"门到门"出行时间约为 22~28min，与相同距离出租车出行 18min 相比，服务水平略低，但降低有限；与常规公交出行所需的 35~40min 相比，服务水平有较大水平的提高。

5. 合乘效益分析

（1）有效缓解早晚高峰交通拥堵

目前，需求响应公交运营合乘订单占比达到 30%，合乘人数占比为 28%，其中高峰期合乘占比达到 48%。相同站点上车或下车的合乘情况更易撮合发生。

需求响应公交出行早高峰订单需求为 492km/天，通过合乘行为能够节省 140km/天，与无合乘相比，早高峰路网交通负荷压力可有效降低 28%。

（2）对城市交通减碳效果明显

通过合乘行为，目前雄安需求响应公交车队每年可减少 14.8 万车千米/年的私家车或出租车运行，相比于燃油车、新能源车可分别每年节省二氧化碳排放约 30t、19t，减少约 16% 的交通碳排放。

（3）有利于控制城市车队规模

通过提供高品质、便捷的需求响应公交服务，可有效控制新区初期私人小汽车增长速度。通过需求响应公交共享化、高周转的车队运营，可比相应乘客完全转化为私家车或采用出租车或网约车出行，城市车队规模可缩减 40%~70%。

6. 未来发展展望

目前，雄安需求响应公交主要在既有县城（容城县）依托现状路网和道路条件运营，未来随着雄安新建片区按照规划逐步建成，需求响应公交也将按照规划实行以下几点提升和优化。

1）新建片区按照公交优先理念，规划路网上公交专用道/路体系将联网成片，需求响应公交与常规公交可共享公交专用路权。

2）借助智能交通等手段，开展以公交优先为前提的智能信号协调，实现公交绿波控制，道路时空资源分配转向公共交通主导，保障公交运行速度和优先通行权，实现需求响应公交车辆在公交主廊道上运行的轨道化编队控制。

3）通过大数据、云计算等技术手段，基于对公交出行需求的感知、汇聚与迭代计算，实现需求响应公交调度方案的自动生成和实时优化。

4）停靠站点将进一步得到优化。依托新区规划"窄路密网"体系，在支路上结合地块人行出入口设计微型港湾泊位，供需求响应公交停靠，可更加有效缩短站点与起讫点之间的步行距离，提供更好的接近于"地块到地块"公交出行服务。

7. 案例小结

在生活水平日益提高的今天，人们的消费模式、出行方式选择等都在经历着剧烈变化。对于交通出行，也在经历着从"可达"，到"高效达"，再到"高品质达"的需求变化过程，对于公共交通也需要以多样化的形式来满足不同人群的出行需求。需求响应公交以"合乘共享"理念定义新型公交模式，在雄安的探索与实践为其发展先行先试，为实现高品质、智能化的公共交通服务体系提供了新的"参考答案"。

4.3 苏州市"智慧场站"电子站牌研发建设

1. 案例简介

随着城镇化速度不断加快、城市规模不断扩大，公交场站数量和范围也在不断扩大，发展的重点从以前的满足总量供给向提升场站服务品质方向转变，如何运用各种现代化的科技手段，探索新的管理模式，更好地管理场站设施，为市民提供更安全、舒适、便利的出行环境，是当前探索的方向；利用移动通信技术、计算机网络技术等先进的技术手段建成的"苏州智慧场站服务平台"，是现阶段提升公交场站管理工作效率和服务水平的有效手段。

2. 现状与需求分析

（1）公交站台服务

目前，苏州市区已全部实现了纸质线路站牌信息的展示，部分公交站台已实现电子站牌预报站，电子站牌通过 LED 信息屏滚动显示即将进站的公交线路车辆的到站信息，可精确动态显示站距。但目前提供的公交运行信息仍较为单一，也缺乏公众与公交服务体系的交互。同时，目前的站台照明未形成统一的调节控制，由维护人员对每个站台独立设置，无法根据季节光照适应、便捷地进行调节。

（2）公交行业管理

目前，公交场站资源使用上存在企业之间、行业内部的信息壁垒，为实现公交一体化的发展目标，需要加强与公交企业调度的融合、与公交行业管理融合，发挥现有场站资源的效应，提高资源使用效率。针对场、站等级（规模与建设条件等）进行划分，适配不同的建设与管理服务标准，加强场站智能化建设的标准及示范意义，推动苏州市公交场站服务的科学发展。

（3）公众出行需求分析

为顺应时代发展，满足人民群众出行需求，智慧场站的设计应满足以下要求。

1）提供智慧站台出行服务，为城市提供更为人性化的出行服务节点，使公交站台成为可以提供多种服务的重要城市公共空间。

2）根据站台的客流与规模，提供经济、绿色与适合的移动端以及站台智慧设施的公众出行服务。

3）与公交都市、绿色城市创建等工作部署相结合，关注其中港湾式站台建成率、无障碍出行等方面的需求，在如电子站牌改造中，标注出无障碍车辆的标识。

4）周边旅游服务设施查询，增加旅游换乘点相关信息，考虑周边服务信息的数据来源与常态化运营。

5）满足城市的发展与社会公众对更加智能、便捷的出行服务需求，使交通现代化发展的成果惠及更多人民群众。

3. 设计思路

智慧场站建设从场站管理实际出发，坚持"以乘客为本、以管理为本"的原则，结合苏州全市公交场、站的实际，通过使用国内领先技术，充分考虑系统建设的效果，以及对实际工作的指导作用，建设智慧场站系统平台，完成相关站台的改造工作。通过建设"安全、舒适、便捷、现代"的智慧场站，体现"为民建场站"的服务宗旨，为实现绿色、便民、智慧公交添砖加瓦。

通过智慧场站项目的建设，实现市民出行服务的提升；通过智慧站台的建设，为"车站协同"奠定信息化基础，将公交站台打造为城市客运的前端多功能信息化站点，为后期按需公交的发展提供设施与数据支撑；通过对苏州全市场、站动静态运行情况、安全信息的监测，以及公交车调度、公交和其他租赁单位场内报修和车辆车位管理等，做到场站精细化管理，达到"人""车""站""场""路"五位一体，协同联动。

4. 建设方案

（1）智慧场站平台软件建设

根据实际使用需求，进行了架构设计，分为采集层、数据层、支撑层、核心应用层、用户层五部分，如图4-3-1所示。

1）采集层。实现公交场与站的信息全覆盖、全周期地采集与视频整合；通过专业摄像机，在现有的管理模式下，利用视频监控进行辅助管理。

2）数据层。规划站台信息、视频信息、停车资源等各项信息，并对有价值的信息进行备份。

3）支撑层。通过公交站台的视频汇聚，提高远程管理的直观性。

4）核心应用层。增加电子站台智能巡检、视频轮巡、视频融合预警及应急管理。

5）用户层。建设电子站牌、管理室监控大屏，解决智慧场站的各项信息服务与应用展示功能。

（2）"智慧的站"建设

对现有公交站台进行改造，改造内容包括电子站牌的更换改造、交互式信息服务大屏的

第 4 章　智慧公交出行实践案例

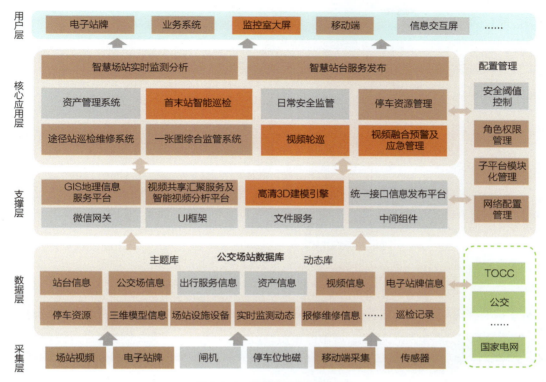

图 4-3-1　智慧场站平台软件架构

改造建设、自动光感照明设施的改造安装，以及站台相关设施设备的安防视频监控的安装建设。

5. 建设情况

（1）"智慧场站一张图"

目前，已经接入 162 个首末站与 738 个公交站台实时监控视频，实现远程实时监控调看与安防管理；巡检业务针对市区所辖 897 个站台，相关软件系统实际应用，已产生巡检计划 773 392 条，录入巡检结果 697 062 条，已解决维修问题 1200 余件，如图 4-3-2 所示。

（2）"智慧的站"站点

"南门""劳动路""石路"等 24 个电子站台均处于市区核心商圈，人流、车流量巨大，智慧站牌、智能交互屏幕面向全体市民服务，社会反映较好。全新电子站牌建设，以及配合智慧站台的出行服务建设、试点中的运量公交线路相互配合，大幅提升核心商圈的居民出行服务水平，如图 4-3-3 所示。

图 4-3-2　智慧场站布局图

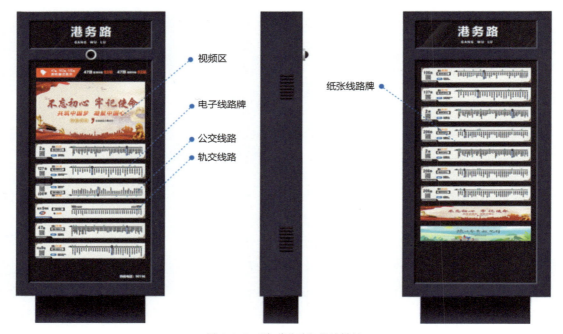

图 4-3-3　"智慧的站"设计样例

（3）站台交互系统

在站台上通过智能交互信息屏直接进行出行服务查询，获取实时准确的交通出行服务。实时查询公交、换乘方案、出租车、周边、天气等信息。作为智慧城市的交互界面，可融合丰富多样的城市生活预约服务，作为城市生活节点的一个有效延伸，如图 4-3-4 所示。

图 4-3-4 站台交互系统示意图

（4）智慧报站牌

智慧报站牌有线路到站滚动信息，包含线路及站距信息等。每条线路的详细竹节图，显示线路中所有车辆的实时位置信息，同时预留了轨交列车时刻表显示板块。线路上包含二维码，通过手机扫描，可获取"移动报站牌"信息，如图 4-3-5 所示。

图 4-3-5 智慧报站牌示意图

（5）灯箱广告牌

灯箱广告牌用来发布公益广告；侧面配有盲文引导点击报站按钮，点击之后可以播放线路信息，方便视障人士乘车，如图 4-3-6 所示。

图 4-3-6　灯箱广告牌示意图

（6）监控与设备安防

智慧场站可实现智能重启、功率调整、自检、警告、开启等自动化功能。同时，建设了视频监控安防设备进行安全监控防护，确保能够监控站台整体的情况，实现站台视频信息的实时分析，并通过改造实现站台拥挤度分析，将分析结果反馈至后台。改造站台照明设施，实现根据环境光照自动调节照明开启/关闭或亮度调节。

6. 社会效益

智慧"站"的建设主要从服务市民的角度出发，充分结合人、车、站、场、路一体化战略，建设智慧"站"服务系统，提高市民公交出行的体验感。通过智慧场站平台的建设，完善并升级苏州市公交场站的建设标准，提高苏州公交场站的管理发展水平，为市民出行提供更加精准、优质的公交出行服务，新闻机构给出了积极报道，并获得了广大市民普遍好评，如图 4-3-7 所示。

图 4-3-7　相关新闻报道

第 5 章

云—网—端一体化智能停车服务实践案例

5.1　中南大学湘雅医院智慧停车服务系统

5.2　南宁三美学校"人等车"预约接送模式缓解交通拥堵

5.3　惠州市城区智慧停车系统建设

5.4　海口市美兰区智慧停车管理

5.5　贵阳市智慧停车平台建设

5.1 中南大学湘雅医院智慧停车服务系统

1. 案例简介

我国人民生活水平不断提高，汽车保有量不断增加，随之而来的"停车难"问题也日益凸显。解决该问题，不能只是一味地扩充停车位，应采取适当的停车位扩充加智能化的管理措施的方式。目前，我国智慧停车系统正处在大力发展阶段，利用"移动互联网＋物联网＋云计算"等新一代信息技术，通过对停车位安装检测设备，建立一体化的停车后台管理系统，实时进行停车数据采集、报送，方便驾驶者快速找到车位，并且引导车辆合理停放，提高停车位的利用率和周转率，最大效率地利用停车位。

2. 现状与需求分析

中南大学湘雅医院地处长沙市中心，周边既有湖南省卫健委、湘雅口腔、中信生殖等机关和医院，又有富兴世界金融中心、华远华时代等大型商业综合体，来往车辆多、人流密集。附近老旧小区多、道路狭窄、拆迁区域多，又有过江通道建设施工，更加剧了医院周边交通拥堵。在全国高规划热度三甲医院拥堵指数排名榜中，中南大学湘雅医院位居第四，拥堵指数 2.119，可见其拥堵程度。

据调查，湘雅医院日门诊量约 1.2 万人次，医院院内共有停车位 1200 个左右，其中有 1100 个要留给医护人员。且职工与病友加起来的车流量至少也有 2500 辆，最多可达 6000 辆左右，如图 5-1-1 所示。

图 5-1-1 湘雅医院门口芙蓉北路早高峰交通状况

主要拥堵点在芙蓉路湘雅路口西北角、蔡锷路留芳岭巷路口以及湘雅医院内，拥堵高峰出现在患者就医与职工上下班交汇时期。

3. 设计思路

1）优化医院周边道路，方便就诊车辆及时进出。
2）医院内部停车场在医护人员停车后车位紧张，对此部分停车压力进行疏通。
3）改变医院内部停车场采用的传统现金收费方式，加快疏散高峰时段停车场出入口处的车流。

4. 建设方案

（1）外部优化

1）道路疏通。

①将芙蓉路湘雅医院公交站往南迁移，取消520路公交车停靠，避免其左转弯车辆穿插行驶影响交通，从源头上对13条停靠线路实行错峰发班，避免扎堆停靠。

②在湘雅路湘雅医院北出入口，机动车与非机动车的隔离围栏向南偏移一股车道，为东西方向拓宽了一条车道。

③增设即停即走区域和提示牌，方便前来就诊的市民临时停靠，但禁止长时间逗留，如图5-1-2所示。

图 5-1-2 临时停靠区域

④清除湘雅路湘雅医学院东侧人行横道线，将湘雅路蔡锷路口东侧人行横道线向东偏移3m，使其靠近医院，方便行人出行，缓解交通压力，如图5-1-3所示。

2）新增车位。

①将省卫健委西侧拆迁地块临时硬化，新增车位50个。

②拆除湘雅医院3栋旧办公楼，建设临时停车场，新增车位31个。

③完成湘雅医院北侧39个门面拆除，清运渣土和地面硬化，新增车位21个，如图5-1-4所示。

图 5-1-3 调整人行横道线

图 5-1-4 湘雅医院北门旁停车场

④将花鸟虫鱼市场西北角区域硬化，新增车位 30 个。

⑤计划在湘雅医院对面，建设一个综合停车场，预计将新增停车位 1800 个，如图 5-1-5 所示。

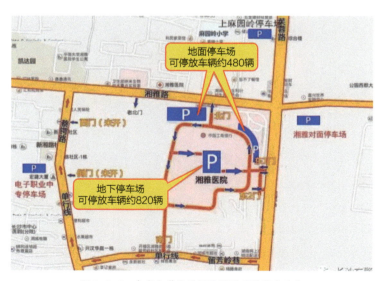

图 5-1-5 中南大学湘雅医院附近可供停车泊位

（2）内部优化

1）清理医院内僵尸车。为进一步优化停车环境，交警与湘雅医院联合，对在医院附近道路和停车场一些久停不动的"僵尸车"进行清理整洁，对于停放超过 5 天没移动的，将会电话联系车主挪车，若超过 5 天依旧没有移车，将会对车辆进行拖移，如图 5-1-6 所示。

a）整改前　　　　　　　　　　　b）整改后

图 5-1-6　僵尸车整治效果对比图

2）转移医院内部停车重心。医院东侧 800m 左右的富兴商业广场有停车位 4000 个，平时部分停车位闲置，创新采取异地共享停车的办法，综合利用社会资源增加停车位，通过开福交警大队与湘雅医院、富兴广场沟通协调后，将其地下车库地下 4 层的 1100 多个停车位，对口租赁给湘雅医院医护人员使用，医院相应腾让 1100 多个职工停车位供就医的患者使用，释放出来停车空间极大地缓解了停车难。职工在医疗区内停车时，也将按照社会车辆标准收费，如图 5-1-7 所示。

图 5-1-7　湘雅医院医护人员专属停车场

3）**智能化管理**。针对医院人员停车所在地富兴商业广场，提供不同路线的停车指引以及出场指引，并在长沙市智慧管理平台实现医院附近停车场相关信息的对接，可供驾驶者查看停车场的收费情况和剩余车位等信息，并且对于医院的地下停车场，实行ETC非接触式支付，减少传统人工收费方式造成的停车时间浪费，如图5-1-8所示。

图 5-1-8　导航示意图

5. 建设效果

（1）医院外部交通状况

湘雅医院周边道路的交通组织优化后，医院周边从湘雅路的路面运行情况来看，拥堵指数较之前下降8.15%，运行速度较之前上升9.58%；芙蓉中路拥堵指数较之前下降3.62%，路面运行速度较之前上升5.23%，如图5-1-9所示。

图 5-1-9　治理后湘雅医院门口的芙蓉北路交通状况

（2）医院内部停车情况

在进入湘雅医院智能停车场之前，在道路边上立有停车服务收费标准牌，上面标示了收费标准以及支持线上支付的二维码。通过扫描指示牌上的二维码，进入无感出行小程序，将账户与车牌进行绑定，就可快速进入停车场，小程序自动进行扣费，无须扫码支付，更加节约时间，促进停车场出入口处车辆的流通，并且在小程序首页会显示车辆当前位置附近的停车场以及距离，供就诊车辆选择，如图 5-1-10 所示。

图 5-1-10　无感支付停车收费系统

在进入湘雅医院地下车库之前，对每层车库剩余车位数运用电子显示屏进行显示，供驾驶者选择，避免绕路寻找车位而耽误就医，如图 5-1-11 所示。

图 5-1-11　停车场内诱导屏

通过 ETC 非接触式支付提升出行体验，平均出车时间只用 0.5s，通行效率提升了 20 倍，有效减少了拥堵。通过智慧停车云平台与综合安防平台的对接，数据互通，方便就诊者短时间内停车，也使得医院管理更加智能。

5.2 南宁三美学校"人等车"预约接送模式缓解交通拥堵

1. 案例简介

南宁市多所中小学校实施微信小程序"人等车"预约接送模式,解决学校周边交通秩序混乱、拥堵严重、车辆占道乱停放等问题,提高城市交管信息化服务水平,实现交通管理精准控流、精准诱导、精准用警。南宁市三美学校位于青秀区锦春路 13 号,学校周边多数为生活区和机关单位,学校放学流与晚高峰重叠,引发交通拥堵问题。南宁市公安局交通警察支队积极探索,对南宁市三美学校精心谋划调研方案,提高调研实效,抓住突出问题,提出针对性解决方案。方案实施后化解了三美学校上下学接送交通矛盾,解决了校园周边道路交通拥堵问题,优化了交管勤务模式,提升了群众满意度。

2. 现状与需求分析

南宁市三美学校位于青秀区锦春路 13 号,学校周边多数为生活区和机关单位,学校放学流与出行晚高峰重叠,引发交通拥堵问题。锦春路双向 4 车道,连接双拥路和竹溪大道,是进出竹溪大道的重要道路,学校周边的拥堵极易蔓延至竹溪大道,影响到城市主干路的通行效率。目前存在的问题主要表现在以下几个方面。

(1)停车位缺口巨大,大量接送车辆违法占用机动车道停车

学校门口道路两侧仅有少量路内停车位,放学期间家长接送需要停放上千辆次,且一般均会较长时间占用停车位。停车位供不应求,停车位周转率低,导致大量接送车辆长时间占用机动车道违法停车,放学高峰期锦春路仅剩一条机动车道缓慢通行,交通拥堵严重,严重影响其他社会车辆的正常行驶。

(2)学校门口处于车流集中路段,学校和社会交通流量多重叠加,交通压力大

学校附近汇聚了医院、医科大学等多个机关单位和生活区,交通出入口多,学校门前的锦春路连接了南宁市交通流量最大、最重要的竹溪大道,放学期间出行高峰车流与接送家长交通流叠加,锦春路瞬时交通流量折算成小时流量接近 3000pcu/h,而锦春路的理论通行能力仅为 2300pcu/h。同时,锦春路设有中央隔离护栏,家长接送车辆集中在道路尽头掉头,掉头车辆排队长度长,长时间占用道路待行,加剧车辆排队长度。

（3）学校限时放学，时间高度集中

学校放学时间集中性强，学校通常要求学生一个小时内全部离校，造成短时间内交通量快速集聚，加剧了交通拥堵状况，同时对周边路网也形成了较大的冲击，如图5-2-1所示。

图 5-2-1　三美学校交通区位图

3. 优化思路

1）采取线上线下相结合，全面收集交通数据。
2）启用"码上回家·预约小精灵"小程序。
3）打出组合拳，提升预约服务功能。

4. 优化措施

（1）采取线上线下相结合，全面收集交通数据

针对学生和家长发放网络调查问卷，摸清学生接送方式、家长接送行车方向等基本信息，并对其结果进行分类研究分析。安排专门人力对学校周边道路条件、交通流量、交通设备等进行实地调查，排查周边道路沿途单位出入口位置、已有停车泊位、可供临时停车的空间等。

（2）启用"码上回家·预约小精灵"小程序

学校启用"码上回家·预约小精灵"小程序实行签到预约机制，学生通过刷码或扫脸的方式登录，提前将离校消息发送到家长手机，打通学生和家长之间的信息传递障碍，实现学生与家长间及时、精准地沟通，如图5-2-2所示。

图 5-2-2 "码上回家·预约小精灵"小程序界面

（3）打出组合拳，提升预约服务功能

1）**整合违停球、电子警察抓拍。** 在校门口违停高发的路段加装 2 个违法抓拍设备，对道路两侧的违停车辆、不按导向车道行驶的车辆进行抓拍，严管校园周边道路交通秩序，减少违停车辆对道路通行秩序的影响。对于初次违法的驾驶员给予短信警告，多次违法的驾驶员进行依法处罚。同时，通过与学校管理系统内的接送学生车辆号牌进行比对，对于学生接送车辆的违法行为，落实学校内部通报，督促学生家长避免类似行为，如图 5-2-3 所示。

图 5-2-3 学校周边道路加装违法抓拍系统

2）**停车收费变免费，接送车辆集中在外围道路停车。** 盘活金浦路的收费停车位调整为护学专用等候区，免费提供给学生家长停车等候，吸引家长主动前往，分散交通流，缓解学

校门前道路的交通压力。家长收到学生离校信息后，前往指定接送区，实现由"车等人"到"人等车"的转变，如图 5-2-4 所示。

图 5-2-4　护学专用等候区停车泊位

3）设置接送区组合式停车带。根据学校门前道路沿途单位、生活区等出入口分布情况，设计接送车辆即停即接即走通道，实现高效接送。增设掉头开口，完善道路交通标志标线，限时段开放，提高掉头车辆的通行效率，减缓对正常车流的影响，如图 5-2-5 所示。

图 5-2-5　增设掉头开口

5. 实施效果

优化措施实施后，接送拥堵时间从 65min，下降到 20min，下降 69%；路段平均车速从 11km/h 提升到 23km/h，提升 110%；校园周边道路平均拥堵指数从 4.12 下降到 1.9，降低 54%；原来需要 8 名民警维护交通秩序，试点后通常情况下只需 2 名民警，执勤警力减少 75%；违法停车发生率由 18% 下降到不足 1%，其他违法行为基本消除；交通事故率下降 50%，有效解决校园周边道路交通拥堵顽疾，如图 5-2-6 所示。

图 5-2-6 实施效果展示图

6. 案例小结

本案例通过实施微信小程序"人等车"预约接送模式，解决学校周边交通秩序混乱、拥堵严重、车辆占道乱停放等问题，提高城市交管信息化服务水平，实现交通管理精准控流、精准诱导、精准用警。

5.3 惠州市城区智慧停车系统建设

1. 案例简介

惠州交投集团牵头推动惠州市智慧共享停车系统项目，致力于解决惠州市区"停车难"问题。"惠停车"公司成立后，将建设国内首个集智能停车设施投资、建设、运营及管理为一体的综合型停车系统项目，以惠州市区为试点，成熟后将全面覆盖各县区。

惠州市智慧共享停车系统项目是国内首个集智能停车设施投资、建设、运营及管理为一体的综合型停车系统项目，以惠州市区为试点，成熟后将全面覆盖各县区。项目于 2019 年已正式启动，先行搭建智慧共享停车云平台，实现市区现有的路内路外公共停车设施的互联共享和智能化管理；再通过投资新建各类停车设施，包括地面停车场、地下停车场、立体停车楼等，逐步新增约 8 万个停车位，平衡供需关系，实现有效供给。

2. 现状与需求分析

（1）城区停车现状存在问题

1）**核心建成区停车泊位不足**。根据调查，惠城区现状公共泊位缺口约为六千个，尤其在老城区，停车供需矛盾的问题更突出。随着惠州市机动车保有量的快速增长，这一差距必然逐步扩大。

2）**违章占道停车现象严重**。由于停车泊位不足，导致大量机动车违法占用道路乱停乱放。一方面，停在机动车道上的车辆影响了道路的通行能力，干扰了车流速度，引起城市路网功能的紊乱，造成交通拥挤，给交通安全带来隐患和危害；另一方面，停在人行道上的机动车破坏市政基础设施，轧坏人行道，有损市容卫生环境，同时影响行人的安全通行，如图 5-3-1 所示。

a）违停乱停　　　　　　　　b）占用人行道　　　　　　　　c）僵尸车占道

图 5-3-1　停车问题展示

3）**室内停车场使用率偏低**。一方面停车便利性很高的路内停车带爆满，甚至存在相当数量的违法停车；另一方面新建设的规模较大的路外停车场停车位利用率很低。如超越停车场共设置车位 112 个，里面共停放车辆不足 10 辆；而在停车场周边的埔南三街一巷现有划线停车位共 15 个，在工作时间内，该路段停车总量超过了划设停车泊位供应数一倍，占用道路两侧的车道，停车泊位供应严重不足。

4）**整体管理和服务水平亟待提高**。许多内部停车场没有对外经营，不能为社会车辆提供服务，造成资源浪费；而许多公共停车场也存在设施差、服务水平低的明显不足。

早期开发建设的住宅物业管理不完善，不同的管理单位自设停车场所，各自营利，出现了乱收费、服务质量差、硬件设备不完善、安全系数不高等现象，居民不信任管理单位，随意停放车辆，易破坏公共设施、绿化区域等。

（2）停车场规划建设管理短板突出

1）**停车规划标准难以适应小汽车的超常规发展**。近年来，惠州市经济飞速发展，各种车辆大幅度增长，过去的住宅停车泊位根本无法满足现状的停车需求。此外，在城市建设过程中往往比较重视修路、架桥，改善通行能力，对停车场建设未引起足够重视，这主要表现在：一是缺乏科学、合理的规划，没有按照城市交通需求和发展趋势对停车需求和布局进行总体规划，规划的不足，必然导致建设和管理的滞后，先天的不足，往往后天难以弥补；二是建设投入不够，由于投入建设停车场的资金有限，使得市区的公共停车场不仅奇缺，而且设施和管理也难以跟上。

2）**停车场建设区域发展不平衡**。由于停车场的分布不均衡，老城区停车需求量大，泊位供给量少，但还有很多居住小区停车泊位空余，因此出现了现状总泊位大于总需求，但是停车矛盾仍非常突出的现象。

3）**停车场规划建设、使用跟踪管理脱节**。各部门对配建停车场的建设缺乏跟踪监督，建设单位是否按规划要求配建停车场或配建停车场是否被改变用途，有关管理部门未能及时发现。

3. 设计思路

为解决"停车难"问题，拉动经济社会发展，需大力推进智慧共享停车系统项目建设。该项目通过搭建停车云平台整合现有停车资源，实现城市智慧式管理和运行。该项目的总体建设思路如下。

1）先行升级改造 1.6 万个路内路外停车泊位，投资建设 10 处立体停车楼（库），新增约 5400 个停车泊位。

2）停车集中且停车泊位紧张的区域，在不影响交通的情况下新增临时车位，作为临时过渡。

3）整体升级路边临时泊位管理系统，提高车位周转率。

4. 建设方案

（1）构筑智慧停车云平台

运用云计算、物联网、大数据处理等先进技术手段，搭建实现各类停车场跨区域、多层级集中监控和管理的智慧共享停车云平台。利用停车云平台智能化、信息化手段管理停车场和路边停车泊位。

简单来说，对车主而言，只要通过手机 App，就能享受查询车位、预约车位、停车引导、车位共享、反向寻车、智能充电以及移动自助支付等服务，如图 5-3-2 所示。

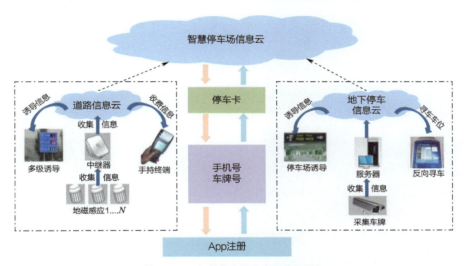

图 5-3-2　智慧停车场信息云建设框架

云平台将充分发挥大数据优势，通过手机 App、停车引导牌等设施打通停车信息壁垒，消除停车信息孤岛，提高城市停车服务水平，缓解停车者找寻车位带来的道路交通压力。

（2）多渠道新增停车位

2019 年，投资新建金山湖公园停车库、南湖公园停车库、花边岭广场停车楼、东江公园停车库、滨江公园停车楼、旺岗停车楼、高榜山停车库、植物园停车楼、演达立交南停车楼、文成停车楼等 10 个立体停车设施项目，新增约 6200 个停车泊位，如图 5-3-3 所示。

2020—2024 年在江北、桥东、桥西、下角、麦地、河南岸等各区域投资建设望江沥沿线停车场、金山大桥底停车场、演达立交北停车场等停车场 290 处（包括地面停车场、公园广场地下停车库、智能机械立体停车楼、智慧机器人立体停车楼等），新增约 7.38 万个停车泊位。同时，在停车集中和停车紧张的区域，在不影响交通的情况下，新增路边停车泊位，作为过渡措施，还路于民。

图 5-3-3 滨江公园停车楼效果图

（3）停车场信息化升级

开展信息化改造升级，充分盘活现有停车资源。智慧停车云平台搭建完成后，通过停车云平台实现车场、车位、车主信息互联互通、共享应用，消除"信息孤岛"，提高车位利用率、周转率。

同时，按照自愿合作、互利共享的原则，逐步升级改造分布在不同区域的社会停车场，实时信息统一接入平台管理，实现市区内停车泊位信息的互联互通，市民可通过停车云平台了解市区内实时停车位信息。停车场升级改造后，云平台将为接入的运营企业提供托管、资源分享、服务升级、统一支付等服务，如图 5-3-4 所示。

图 5-3-4 云服务平台

通过市政府政务信息资源共享与交换平台，向政府提供实时信息支撑下的"政府辅助决策"功能，包括监控管理、拥堵预警、资源规划、城市基础建设、联合执法等。

总的来说，智慧停车系统项目采取"政府主导、企业运作、部门联动、社会共治"的运营模式。同时，政府出台了《惠州市停车场建设及管理办法》等配套政策，加强对本市停车场的规划和建设，规范停车场的经营、管理和使用，以及规范行政执法，保障智慧共享停车系统项目运营管理工作的规范性。

5. 建设情况

（1）停车场库建设

自 2019 年项目启动，惠州交投智慧停车投资有限公司已升级改造路内泊位 8457 个；公共停车场 34 个，3441 个停车泊位。一期 10 座智慧停车场和二期 22 座智慧停车场已全部建成并投入使用，共新增 10723 个公共停车泊位；该项目不仅缓解了惠州市老旧小区的停车难问题，还改变了惠州市容市貌，从前车辆乱停乱放的现象逐渐减少。三期新建 30 座智慧停车场，已逐步实施建设，预计将按照政府工作报告要求的时间节点，于年底前完成建设。建成投用后，将提供约 8000 个停车泊位，有效缓解市区停车场问题。

2020 年，惠州市区建成 10 个智慧停车场并陆续投入使用，提供了近 5400 个停车位。立体停车设施项目分别为：金山湖公园停车库、南湖公园停车库、花边岭广场停车楼、东江公园停车库、滨江公园停车楼、旺岗停车楼、高榜山停车库、植物园停车楼、演达立交南停车楼、文成停车楼。下面以"演达立交南停车楼"为例，分析其建设情况。

2019 年 9 月 19 日，惠州市智慧共享停车系统项目首个全自动机械式立体停车楼——演达立交南停车楼正式动工建设。演达立交南停车楼项目位于惠城区河南岸街道演达横二路西约 50m，分 1 号楼和 2 号楼。该项目建成启用后可提供约 400 个停车泊位，大大缓解了周边市民停车难问题，如图 5-3-5 所示。

图 5-3-5　演达立交南停车楼停车效果图

演达立交南停车楼是2022年启动建设的10座智慧共享停车楼（库）之一，也是最先完工并进入试运行的停车楼。该停车楼采用了全新人脸、车牌识别等存取车模式，并配有5套8层垂直升降类机械智能停车设备，可以根据入库车辆的不同大小，自动选择合适的停车泊位，整个过程既精准又高效快捷。而且停车楼每个出入口都可独立操作存取车辆，其中5个车库还设置自动旋转装置，可自动将车辆调头，实现正进正出，优化了用户体验。此外，停车楼配备了中央控制室，可360°无死角监控车库内部，还设有自动报警和自动喷淋等设备，保证车辆安全，如图5-3-6所示。

图5-3-6　停车楼停车人脸识别系统

（2）智慧停车云平台建设

搭建的"惠州市智慧停车云平台"，可实现无人值守，云端管理停车，远程开关闸，远程录车牌，远程调试相机，远程查看数据，远程查看实时监控画面，省钱省力更省心。车场通过互联网，将收费数据，进出数据，设备的运行状态实时传送云平台，集团可统一管理和运营。

1）财务集中管控：集团财务人员可随时随地查看、对账数据，无需跑到每个停车点核对。

2）运营集中管控：通过云平台，集团物业管理人员，可随时随地实时查看各停车场收费数据，车辆进出数据，从而分析预测车辆进出高峰，做出有效决策，提高物业管理水平。

3）物业集中管控：云平台支持月租车线上续费，车主公众号自助续费。

6. 建设效果

惠州市智慧共享停车系统项目是国内首个集智能停车设施投资、建设、运营及管理为一体的停车系统。项目先行搭建智慧共享停车云平台，将路内路外、建筑配建停车位纳入平台管理，实现市区所有停车泊位互联互共享和智能化管理，通过新建各类先进立体停车场，增加公共停车泊位供给，缓解城市"停车难"的民生问题。

（1）长期霸占路边临停泊位的现象有所改善

项目实施前市行政中心、市民服务中心以及华贸中心、佳兆业中心、惠州义乌小商品批发城等市区江北中心区域核心商圈周边，道路停车泊位一直比较紧张。自江北道路临停泊位实施停车收费措施后,有效遏制了长期霸占路边临停泊位的现象,让公共资源实现合理分配,方便了真正有需要的市民,如图 5-3-7 所示。

a)收费前　　　　　　　　　　　　b)收费后

图 5-3-7　路内停车乱象整治前后对比

（2）泊位周转率提高

路内的平均周转率从以往 2.5 提高到 6.29,免费订单占比（夜间免费时间及停车时长小于 30min 的车辆）高达 80%,利用价格杠杆调节交通需求,满足短时停车需求,进而缓解道路拥堵,提高道路通行效率,保障了交通安全通畅有序。

（3）停车场使用率提高

停车场内宽敞明亮,大间距的停车泊位也降低了停车难度,使室内停车场的使用率大幅提高。春节期间,天气甚好,不少留惠过年的市民选择外出游玩,停车需求非常旺盛,刚刚建成的智慧停车场,有效担当起了缓解周边停车难问题的重任。

5.4 海口市美兰区智慧停车管理

1. 案例简介

为有效解决停车难、停车乱问题,提升城市停车管理水平,海口市在美兰区率先建设城市智慧停车美兰试点项目。该项目是海口市第一个由政府授权建设的城市智慧停车项目,也是国内领先的集智能停车设施投资、建设、运营及管理为一体的综合型停车系统项目,以美兰区为试点,成熟后将全面覆盖各海口市各区。

项目于 2020 年正式启动,先行搭建智慧共享停车云平台,并升级改造市区现有的约 3 万个公共停车泊位(其中路内停车泊位约 2000 个,路外停车场 27 344 个泊位),实现互联共享和智能化管理。通过投资新建各类停车基础设施,包括高中位视频、地磁、诱导屏、充电桩、违停视频监控等,逐步新增共 5000 个路内停车泊位,平衡供需关系,实现有效供给。按照自愿合作、互利共享的原则,逐步升级改造及运营管理全市停车位,实现市区内停车位信息的互联互通及统一运营管理。

2. 现状与需求分析

(1)汽车保有量大,泊位供应不足

截至 2021 年底,海口汽车保有量达 96.5 万辆,市区停车泊位共计 69.8 万个。然而,由于历史欠账较多、城区可利用停车改造空间有限、停车设施建设进度缓慢等多重原因,美兰区的停车泊位供应远不能满足机动车停放需求,停车位供给缺口达 46 万个,如图 5-4-1 所示。

图 5-4-1 违停乱停示意图

(2)停车运营管理主体多,管理系统各不相同

主城区停车运营主体多,管理系统各不相同,无法统一进行管理。城市停车运营市场

中，停车管理公司数量众多，停车资源管理呈现碎片化状态，缺乏系统的管理体系。散乱的停车运营管理现状导致市场秩序监察、停车价格把控、投诉处理等困难重重，各种停车乱象不断滋生。

（3）运营管理智能化水平低，收费以人工为主

全市缺乏统一的智慧化停车管理信息平台，缺乏良好的车位信息技术管理手段，无法做到在特定时间内合理提高停车场车位使用率。大多数路边收费仍以人工收费为主，工作量大，效率低，单人管理区域有限。同时，由于采用人工记录管理，流程不受约束，停车举证材料缺失，经营过程中容易与驾车者产生纠纷。手持POS方案一定程度上提升了智能化程度，但是欠费、逃费追缴问题仍然无法解决。同时，收费员的"跑冒滴漏"现象严重，致使大量停车费流失。

（4）停车信息化水平低、缺乏停车引导

信息化水平低，城市停车资源没有联网管理，缺乏有效的信息发布渠道，驾驶人与停车场之间无法达成信息交互，一方面驾驶人不能及时掌握空车位信息，苦苦徘徊寻找车位；另一方面大量车位利用率和周转率较低，使得原本车辆/泊位比例不足的问题在一些停车需求旺盛的区域更加凸显。

（5）简单经营，盈利模式单一

大量停车场，独立经营，停车运营没有与互联网相结合，没有构建完整的停车生态圈，传统的停车运营商，尤其大量的中小型停车运营商还是依靠单一的停车收费模式来盈利。

（6）缺乏统一的市级停车规划，停车数据无法联网

全市整体停车数据不联网，不能掌握城市整体停车数据并从中分析停车规律，政府规划部门在进行城市发展规划时缺乏必要的数据支撑，难以进行科学的停车资源发展规划，导致停车供给不能适配停车需求。基本停车需求的快速增加，停车需求热点区域难以满足居民出行需求，管理部门被迫临时划设大量路内临时停车泊位，以缓解停车压力，但大多都是规划外的，且没有经过严谨论证，存在影响正常道路交通通行秩序的现象。

3. 设计思路

海兰停车项目整体采用勘察规划设计先行，按路段分批审批、分段实施的原则，拟分三期实施：

1）一期计划完成省政府、省委、美兰区政府、文明东江底隧道周边及海甸岛商圈五个重要区域路内泊位的智能化改造和升级，完成管理系统、指挥中心、违停监控系统的建设。

2）二期计划完成部分路内泊位的智能化改造和违停监控抓拍系统建设，将主城区公共

停车场接入智慧停车系统并统一管理，并完成所有运营准备工作。

3）三期计划根据实际建设运营情况，扩大覆盖范围，将主城区社会停车场全部接入智慧停车系统。

4. 建设方案

（1）建设一个城市级智慧停车管理平台

综合运用"移动互联网＋物联网＋云计算＋大数据"等新一代信息技术，通过车位检测器、无线网关、智能道闸、车牌识别一体机等前端物联网设备的使用，实时进行停车数据采集、报送，获取整个城市停车位数据，建立感知、分析、服务、指挥、监察"五位一体"的智慧停车管理平台，对全区路内泊位、路外停车场（库）进行一体化运营监管，实现停车资源智慧化管理，引导车辆合理停放，提高停车泊位的利用率和周转率，缓解停车难题。同时与动态交通平台及其他公共服务平台打通，积极构建智慧化城市综合管理体系，逐步实现城市综合管理信息化、集约化和智能化，助力新型智慧城市发展，如图 5-4-2 所示。

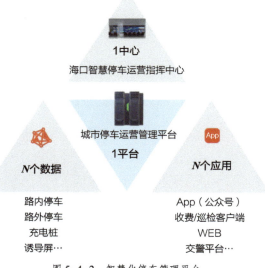

图 5-4-2 智慧化停车管理平台

（2）路内停车信息化改造与接入

路内公共停车泊位采取"高位视频为主，无线地磁为辅"的整体技术路线，实现了对不同场景下泊位的信息化监测，达到了泊位级的精细化管理。

路内公共停车应用高位视频识别技术，不仅大大减少了前端收费人员的投放，降低了前端人员因频繁在机动车道往返以及雨雪雷暴等恶劣天气导致的安全风险，也减轻了停车管理公司的运营成本，也有效避免了前端人员与车主的直接接触而引发的冲突，同时实现了完整停车证据链的采集，为逃费追缴提供了有效依据，也能为公安和交管部门的案件稽核运营提供视频数据，如图5-4-3所示。

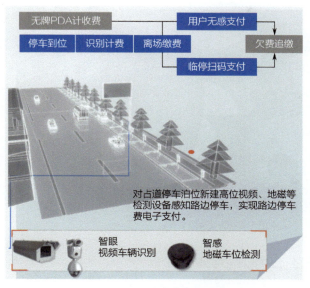

图5-4-3 路内停车方案

（3）路外停车信息化改造与接入

对于现有的智慧停车场，运用"互联网+"的思路，按照标准数据传输协议和规范，从各个互联网停车管理平台接入停车场相关停车数据，包含实时空位数据、场内车辆数据、停车记录数据、收费数据、车场设备数据等内容，实现所有停车场信息的集中采集，接入大数据云平台，完成数据联网共享，统筹城市停车资源。

对于需升级改造的传统停车场，采用无人值守方案，实行云坐席集中管控与运营管理改造。通过车牌识别技术、车辆检测技术等智能技术，实现无卡化、不停车通行。系统可提供现金支付、微信/支付宝扫码支付、微信/支付宝支付码、微信/支付宝无感支付等多种支付方式，车辆可快速出场，给车主提供更好的停车体验。停车场前端无需人工值守，无需岗亭，收费电子化。同时，通过合理的包期规则、黑白名单来规范车辆管理，具体如图5-4-4所示。

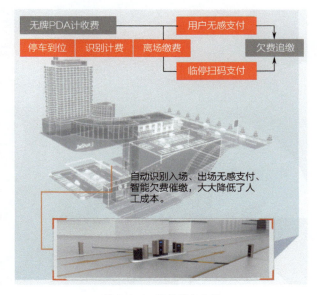

图5-4-4 路外停车方案

5. 建设情况

（1）一期工程

截至 2022 年 3 月底，已完成一期美兰区占道泊位（合计约 23 条路 1873 个路内泊位）信息化改造及路外封闭停车场（约 58 个停车场）联网，建成了集"智慧停车指挥中心＋云坐席＋高位视频＋NB 地磁＋智能化封闭停车场＋停车应用 App"的运营及管理为一体的综合型智慧停车系统，共计接入 29 177 个泊位数据，涵盖路内车场 22 个，路外车场 58 个，分别为路内泊位 2007 个，路外泊位 27 170 个。"海口泊车"App、公众号等平台已完成搭建并对市民试运营，市民可通过"海口泊车"App 查看和管理个人的停车记录和订单详情，还提供入离位时间和照片、停车时长、停车资费的查询，服务停车信息透明清晰，目前初步实现了整个海口美兰区城区公共停车资源"路内＋路外一体化"的运营管理，如图 5-4-5 和图 5-4-6 所示。

图 5-4-5　海口泊车系统管理平台

图 5-4-6　"海口泊车"App

（2）二期工程

美兰区海甸五西路、世纪大道、人民大道、文明中路、大英山一东路、五指山路等 22 条路段共计 2007 个停车泊位已划线完成，信息化智能设备也已安装调试完毕。道路两侧的停车泊位均进行了划线，并清晰标注着可停放时间和泊位编码。在停车泊位上方，每隔一段距离都安装了视频监控设备，可 24 小时监测道路停车情况，并且实时记录车辆进出泊位情况。据了解，美兰区根据城区道路的实际情况，多措并举强化停车泊位智能管理水平，除了视频监控和拍照记录，还因地制宜地安装了地磁感应器，实现了停车的有序管理，如图 5-4-7 所示。

图 5-4-7　智慧化改造路内泊位

（3）三期工程

海口市美兰区美苑路美舍嘉苑停车场，是美兰区建成的首个采用城市智慧停车平台自主运营的路外车场。该停车场所处空地原为美舍嘉苑小区施工单位员工生活区，工程完工后无专人管理，导致场地上车辆违停严重、"僵尸车"随地停放、垃圾遍地，既给城市形象带来不良影响，也造成了土地资源的闲置和浪费。

为从源头解决问题，盘活周边闲置地块，按照美兰区委区政府工作部署，海口市美兰区旅游投资发展有限公司授权海口智慧停车公司对美舍嘉苑停车场进行修建。相较常见的路外车场，美舍嘉苑停车场采用无人值守模式，节省人力物力，通过摄像头自动识别车牌，自动计时计费，车主离场时只需扫描二维码自助缴费就能实现自动抬杆，安全通行。如遇识别问题，未能自动抬杆也可通过后台迅速响应开启道闸，使车辆顺利通行。考虑到新能源车辆充电问题，美舍嘉苑停车场计划后期将推进车场智慧充电桩建设工作，与充电桩企业进行技术对接，尽快为市民提供"停车 + 充电"的一站式服务场所，如图 5-4-8 所示。

图 5-4-8　美舍嘉苑停车场

6. 建设效果

城市智慧停车美兰试点项目以增加泊位供给、引导市民减少开车出行等方式缓解停车泊位不足给市民出行带来的不便。另外，项目建设城市智慧停车系统管理平台和指挥中心还会通过后台监控停车数据，充分利用交通信息化技术，实时掌握海口城市整体停车态势和需求，打破信息壁垒，为市民提供停车引导等功能，提供准确停车位置，多方面化解群众停车"一位难求""盲目找位"等难题，解决小区、商场、医院等公共停车区域因寻找车位影响通行的现状，疏通区域二次拥堵，有效提升路网整体管理水平、服务水平和运行效率。

（1）停车难问题得到缓解

海口城市智慧停车美兰试点项目一期新增改造了 2007 个停车泊位，增加了停车资源，清理"僵尸车"，提高了路内车位周转率。车主出行不再"一位难求"，停车秩序井然有序，违停乱放现象大幅减少，车辆通行极大改善。开发"海口泊车"App、公众号、小程序等用户端，其中"找车位"功能已同步上线"椰城市民云"App，市民通过移动设备即可完成注册、绑定车牌、线上缴费、车位及充电桩查询、导航等操作。

（2）停车管理规范化

项目一期共采用了 155 个中高位视频设备，能够进行图像采集、车牌识别，有效解决收费不透明、订单信息混乱、跨位停车纠纷等问题。通过"中高位视频设备＋巡检人员"实现双重监管，保障车辆停放期间的停车安全，精准打击肇事逃逸、汽车抢劫、汽车盗窃、套牌车辆等违法犯罪行为，解决车主后顾之忧。

5.5 贵阳市智慧停车平台建设

1. 案例简介

为了有效解决贵阳市停车难、停车乱问题，提升城市停车管理水平，贵阳市引入功能更为全面的智慧停车公共信息服务平台。该平台可提供出行导航、无感支付缴费、违章查询、车辆年检查询等便捷服务功能，将路内路外停车泊位联网升级，并使用统一协议入口将泊位信息接入城市停车平台，实现整个城市数据互通共享，给贵阳市民出行提供更便捷、高效、智慧的停车服务。

据统计，截至2022年贵阳市智慧停车平台已接入市属企事业、公共服务机构、社会停车场、路侧停车资源约26万个停车泊位数据，南明区、云岩区、观山湖区路侧地磁信息化建设共计2428个车位，高杆建设共计约3000个车位，用户约100万人。平台的建成基本实现贵阳市停车场资源规模化、管理集约化、调度数字化，有效缓解其机动车停车问题。

2. 现状与需求分析

（1）机动车保有量大，泊位供应不足

据贵阳市统计局统计数据显示，贵阳市机动车保有量从2011年的60多万辆增加至2020年末的183.10万辆，机动车保有量的剧增以及房地产、城市基础设施建设等产业的快速发展，停车泊位数量增长远不及机动车保有量上涨速度，停车位较为紧张，城市停车需求形成巨大缺口，停车资源供需矛盾较为突出。因此，贵阳市各地区普遍面临停车难、停车乱、管理难"两难一乱"等问题，停车泊位供给严重失衡、车位使用不均衡，如图5-5-1所示。

图5-5-1 贵阳市停车"两难一乱"等问题突出

（2）运营管理智能化水平低

现有的停车服务与管理系统缺乏有效共享机制、停车场和车位信息"孤岛"等问题日益凸显。现有的停车场管理公司纷繁复杂，导致停车管理碎片化，管理标准难以统一，造成了停车管理方与被管理方的矛盾，给车主停车带来了不便。此外，人工管理停车场的人工管理成本较高，从前端到平台端链条长、不稳定，且平台功能单一，后端管理依旧需要较大的人力物力，如图 5-5-2 所示。

图 5-5-2　停车运营管理乱象

（3）停车信息难以实现共享

传统停车模式信息化水平低，城市停车资源没有联网管理，停车场或停车泊位之间的数据信息无法互通，车主与停车场之间无法达成信息交互，车主不能及时掌握空车位信息。一方面驾驶员徘徊苦苦寻找车位，另一方面大量车位利用率和周转率较低，加剧了原本车辆与泊位匹配困难的问题，使得停车需求旺盛的区域停车供需矛盾更加突出。停车难的现象会直接影响驾驶员对出行目的地和出行方式的选择，进而影响周边区域的经济活力。

3. 设计思路

依据贵阳市地方标准 DB5201/T125—2022《停车场（库）信息系统建设规范》，借助科学信息化手段，打造市级智慧停车公共信息管理服务平台，主要实现室内停车场新增点位勘察及精准导航、客户端反向寻车等功能，并在此基础上，深化停车运行动态监测、监管，提供机动车相关增值服务，促进停车信息服务智慧化和人性化，实现全市停车资源信息动态统一管理。同时，新建停车场及老旧停车场升级改造应尽可能接入平台，实现统一的智慧管理运营。

4. 建设方案

（1）建设城市级智慧停车公共信息服务平台

通过建设城市级智慧停车公共信息服务平台，建设方捷顺科技以万物互联的思路，基于云计算、物联网、大数据等先进信息技术，构建全方位信息化服务与运营管理体系。通过针对停车服务与管理存在的痛点，重点对停车场稳定运营，非机动车规范管理，车场无人值守、稽核堵漏、运营降本增效的核心诉求，为贵阳市打造行业最前沿的捷停车云托管全流程无人值守智慧停车解决方案，实现了对停车场出入车辆的车牌进行精准识别，使得车辆进出停车场无需等待，无需停车，缓解高峰期入场拥堵情况；实现了快速停车、反向寻车、自助缴费等功能，管理信息平台支持自动汇聚多个路外停车场资源信息；实现了路外停车数据接入全覆盖，有效解决停车数据孤岛问题，为停车监管、停车运营、停车服务业务应用赋能。

（2）高杆视频停车监控管理系统

高杆视频系统通过图像识别技术，自动计时计费，收费透明公开，能够自动识别停车不文明行为，联动交管部门对违停行为进行处罚，培养市民文明停车习惯，提升城市文明形象。同时，全天 24 小时视频证据留存，有效解决停车纠纷。

采用高杆视频系统的临时路侧停车路段，停车收费方式从人工模式转变为通过视频图像自动识别停车时间点并计费的全电子化模式，离场后实时生成订单，收费标准与人工收费模式保持一致，严格按照贵阳市发展和改革委员会制定的收费标准执行，缴费清晰透明。市民可即停即走、线上缴费、线上开票，快捷方便，并且也考虑到中老年车主对线上缴费操作的不便，依然安排停车管理员为广大市民朋友提供停车引导、收费服务，如图 5-5-3 所示。

图 5-5-3 电子收费临时占道停车场停车体验

（3）智慧停车客户端信息共享及功能优化

根据《贵阳市推动停车行业高质量发展工作方案》等文件的要求，贵阳智慧停车 App 的建设是由贵阳市交通委员会牵头、贵阳智慧停车产业投资发展有限公司具体执行的"城市级智慧停车公共信息服务平台建设项目"之一。贵阳智慧停车 App 结合贵阳市停车资源动态大数据分析，已覆盖全市各区停车车位资源，为下载者提供城市级统一停车服务，提供更加智能与便捷的停车场余位查询、收费规则查询等停车服务信息，同时，还赋予使用者出行导航、无感支付缴费、电子驾照、违章查询、车辆年检查询等功能，如图 5-5-4 所示。

图 5-5-4 贵阳智慧停车 App 页面展示

5. 建设情况

（1）智慧停车公共信息服务平台

截至 2022 年 5 月，贵阳智慧停车公司建成观山湖区世纪城轩宇停车场、延安西路智慧停车楼、小关停车场、花果园南北广场停车场共计 1736 个停车泊位；青云路、沙河街、花溪区民主路、成荫巷、清溪路及息烽县文昌巷智慧停车楼约 3000 个停车泊位正在加紧建设中。该方案将有效优化停车资源布局，助力贵阳"一圈两场三改"，提升群众"幸福感"指数。

以花果园停车场为例，建设方利用万物互联的方式，基于云计算、物联网、大数据等先进信息技术，为花果园停车构建全方位信息化服务与运营管理体系，为贵阳花果园打造行业最前沿的捷停车·云托管全流程无人值守智慧停车解决方案，以前端智能硬件升级 + 天启 SaaS 物联网平台 + 移动端应用，拉通全社区停车资源，实现车主快速停车，有效提高资源使用率，缓解社区停车难题。

1）车牌识别 + 无感通行，智慧停车更流畅。建设方捷顺科技已经对花果园社区 65 个车场的智能硬件进行升级，带来了焕然一新的通行体验。智能硬件前端采用捷顺科技 99.9% 高精度识别率的车牌识别 + 微信 / 支付宝 / 扫码 / 被扫 / 无感支付多种缴费方式的停车系统，车辆出入秒级通行，无牌车扫码通行，在高峰期车场也能顺畅运行，大大降低了拥堵概率；同时还为花果园设置了非机动车道，支持非机动车识别通行、自动计费，不仅规范了社区内的车辆管理，也让道路通行更安全、有序，如图 5-5-5 和图 5-5-6 所示。

第 5 章 云—网—端一体化智能停车服务实践案例

图 5-5-5 高精度识别智能前端

图 5-5-6 非机动车道识别通行

2）全流程无人值守＋远程开闸，提升用户体验感。捷停车·云托管服务实现了花果园真正全流程的无人值守，前端车牌自动识别＋线上缴费无感通行，无需现场岗亭收费人员长期值守，并且车牌二次识别系统自动纠错，使前端可能发生错误的概率降到极低，如果车主遇到 0.01% 概率的异常情况无法出入场，可按下前端设备上的呼叫按钮，与后端云端坐席人员进行可视对讲，坐席人员通过环境监控与车主沟通了解情况后实现远程开闸。还有，当遇到车场断网、断电等极端情况时，为车场配备的少量巡逻岗人员会立刻通过手机上的"移动岗亭"接到指令，并快速赶到车场即刻处理。无人化的停车全流程，充分考虑了各类可能出现的异常情况，大大提升了车主用户的服务体验感，实现真正降本增效，如图 5-5-7 所示。

图 5-5-7　后端实施远程开闸

3）天启物联云 SaaS 平台，提升停车智能化水平。打造了统一管控的天启物联云 SaaS 平台，通过统一入口，将花果园的 65 个停车场、273 条车道、15.6 万个停车泊位，以及所有智能硬件设备等资源全部接入平台，实现业务流、数据流、资金流的全面打通，集中管控，实时监督、高效调配。在管理后台，管理人员可实时通过 PC 端或手机端查看集团车场运营情况。天启平台还可开放对接集团现有的停车平台、物业管理平台、商管平台等，形成互联互通，快速提升集团停车信息化，智能化水平。

（2）高杆视频系统

高杆视频系统已经在贵阳市云岩区、南明区、观山湖区 43 条道路 3504 个路侧停车泊位陆续投入使用，后续将陆续覆盖贵阳市其余路段，将科技的便利性惠及城市的各个角落。截至 2021 年 3 月已经启用高杆视频系统的电子收费临时占道停车路段有：南明区：玉厂路、四方河路、珠江路、新寨路、青年东路、蓑草路、观水路、兴隆街、营盘路、贵惠路、青山小区、箭道街、南浦路、新村路；云岩区：省府路、黄金路、半边街、北新区路、庆丰路、勇烈路、旭东路；观山湖区：万寿竹路、百挑路；经开区：中曹路；白云区：俊发城。

（3）贵阳智慧停车 App

贵阳智慧停车 App 的线上运营模式，在全国范围内的城市级停车管理中属于先进水平。继 App 推出之后，在 2020 年年底之前，将贵阳市的至少 30 万个停车泊位纳入统一平台经营管理，使城市级统一平台资源聚集效应基本成型，城市级智慧交通管理大数据应用平台建设基本完成。随着版本的迭代和停车场的升级改造，将增加泊位预约、停车场内导航、反向寻车等功能，解决市民"想停车找不到车位、停了车难找车"等痛点。

今后，随着城市公共停车场信息化程度提升和数据资源的接入，将同步引导推进各类社会停车资源及上下游行业数据接入与开放共享，实现停车业务数据通、功能通、服务通，基本实现贵阳市停车场资源规模化、管理集约化、调度数字化，有效缓解"停车难、停车乱"的问题。

6. 建设效果

（1）解决"停车难"问题

"贵阳智慧停车"App、公众号，通过室内地图导航、泊位空闲状态查询、泊位商圈信息推送、车辆增值服务、缴费记录查询等平台功能，为市民提供更优质、高效、多元化的停车服务，如图 5-5-8 所示。

图 5-5-8 "贵阳智慧停车"App 功能展示

在该平台中可以通过"泊位余位查询"查看停车位状态，一键点击停车场入口的导航，到达入口后 App 自动从室外导航切换到停车场室内车位导航，让车主快速准确找到停车泊位。最后，通过刷脸、扫二维码等"无感支付"离场，享受全流程智慧停车服务。且导航的误差不超过 1m，此项技术的突破，可实现不同设备数据共享、流畅运用。还可以通过停车信息共享和社会自有车位闲时共享出租等模式，有效引导动态车流有序组织、停车需求动态平衡，疏导道路停车矛盾。

（2）停车管理智能化

在停车位上安装"智慧大脑"，可以全面抓取城市车场的车辆信息、泊位信息以及车辆进出场等数据，管理人员可实时通过 PC 端或手机端查看集团车场运营情况，包括车位情况、收款情况、设备情况、异常情况等，并通过可视化报表清晰对比，实现无人化值守的同时降本增效。

（3）停车信息共享化

与贵阳市交委的智慧交通平台打通，将平台数据如停车场数据、车位数据、用户数据、车辆违停数据等传输至交管局，为交管局提供数据分析支撑等。还可以为政府监管、科学决策、治理管理提供依据。

第 6 章

城市智慧出行服务技术集成及综合平台开发实践案例

6.1　成都市"城市交通大脑"系统集成

6.2　上海"随申行"平台

6.3　广州"穗通票"MaaS 平台

6.4　"苏州智行"MaaS 平台

6.5　北京绿色出行一体化服务平台

6.1 成都市"城市交通大脑"系统集成

1. 案例简介

数据赋能交通，智慧改变出行。成都，作为践行新发展理念的公园城市示范区，以"城市交通大脑"建设为切入点，探索新时代城市交通发展新路子，为城市可持续发展提供"成都交通样本"。"城市交通大脑"是指成都市交通运行协调中心（Transportation Operations Coordination Center，TOCC），它是成都智慧交通总体框架体系的建设重点，是成都智慧交通建设的核心与顶层平台，主要承担数据汇集管理、交通运行监测、辅助决策、应急协同及综合信息服务等职能。

2. 城市交通现状

（1）道路交通方面

成都市中心城区现状道路总里程约 3100km，路网密度约 6.3km/km^2，路网总体格局基本形成。高快速路呈方格网＋环形放射式结构发展，长度约 213km，该路网结构随着城市规模的扩大形成"摊大饼"的布局，向心交通特征明显。主干道路网已建长度约 393km，密度 0.8km/km^2。次干道及支路网总长度约 2550km，路网密度为 5.0km/km^2，在二环路以内分布密度较高，东部片区相对较低。

（2）铁路交通方面

成都是西部地区重要的铁路、公路、航空客货运交通枢纽。目前，成都市域内铁路总长 768km，铁路线网密度 5.4km/100km^2，市域内高速公路通车里程 924km，高速路网密度 6.4km/100km^2，航空枢纽建设方面快速推进，"一市两场"格局加速成型。

（3）公共交通方面

成都市公共交通集团公司拥有车辆一万余辆，运营公交线路 600 余条，建成区公交线网密度达到 3.3km/km^2。同时，公交站点基本实现 500m 满覆盖，公交专用车道里程总计 718.742km，公交专用道网络基本形成。中心城区公交日均客运量（含二环快速公交）约 450 万人次。

（4）城市轨道交通方面

成都地铁已开通运营多条地铁线路（1、2、3、4、7、10 号线等），单日客运量超过 300 万乘次，线路总长超 200km。

（5）信息化方面

经过多年的建设，成都市公交、轨道交通、出租、道路客货运、驾驶培训、停车、维修等行业已建成相关信息化监管与服务系统。行业数据采集以车辆为主体，建成公交、出租、"两客一危"车辆 GPS 定位系统，同时，二级及以上客运场站、码头、地铁站内建成视频监控系统。通过交通各行业的信息化系统建设，政府部门基本实现对各行业的信息整合、运营监管和行业安全生产指导，行业内各企业基本实现信息发布、车辆调度、运营管理等。

3. 建设思路

按照《成都市智慧交通建设工作方案（2017—2022）》总体部署，成都市交通运行协调中心分多期建设，一期 2020 年底建成，实现全市交通运行状况"看得清"（运行监测）；二期计划 2023 年底建成，实现全市各种交通服务主体"喊得应"（协同指挥）；三期计划 2025 年底建成，实现各类交通决策"想得透"（辅助决策）。依据"汇数据、搭框架、打基础"的建设思路，成都市交通运行协调中心（TOCC）一期项目建设，主要完成"TOCC 数据中心""TOCC 支撑平台"与"TOCC 应用平台"（部分功能）的建设目标。

4. 建设方案

整体 TOCC 建设架构设计分为八个基础层级、配套的标准规范与运维体系和数据安全服务体系，通过有效的层级结构划分，可以全面展现整体的设计思路。系统的总体结构如图 6-1-1 所示。

（1）数据汇聚层

数据汇聚层实现对交通行业结构化数据、非结构化数据和第三方相关数据资源的有效采集和管理。交通行业各部门结构化数据资源，将采用数据共享交换平台完成数据的统一接入与交换。视频流和第三方相关数据资源，将直接导入大数据平台进行结构化分析。

（2）通信传输层

通信传输层主要提供通信网络搭建，含交通专网、互联网、无线通信网等网络支撑。

（3）基础支撑层

基础支撑为 TOCC 提供最底层的基础支撑能力，为整体应用系统的全面建设搭建良好的基础。本项目 TOCC 数据中心底层基础设施由成都市政务云提供。

（4）业务环境层

业务环境层包括为本项目提供 24 小时监测和重大事件会商环境的指挥监测大厅和会商

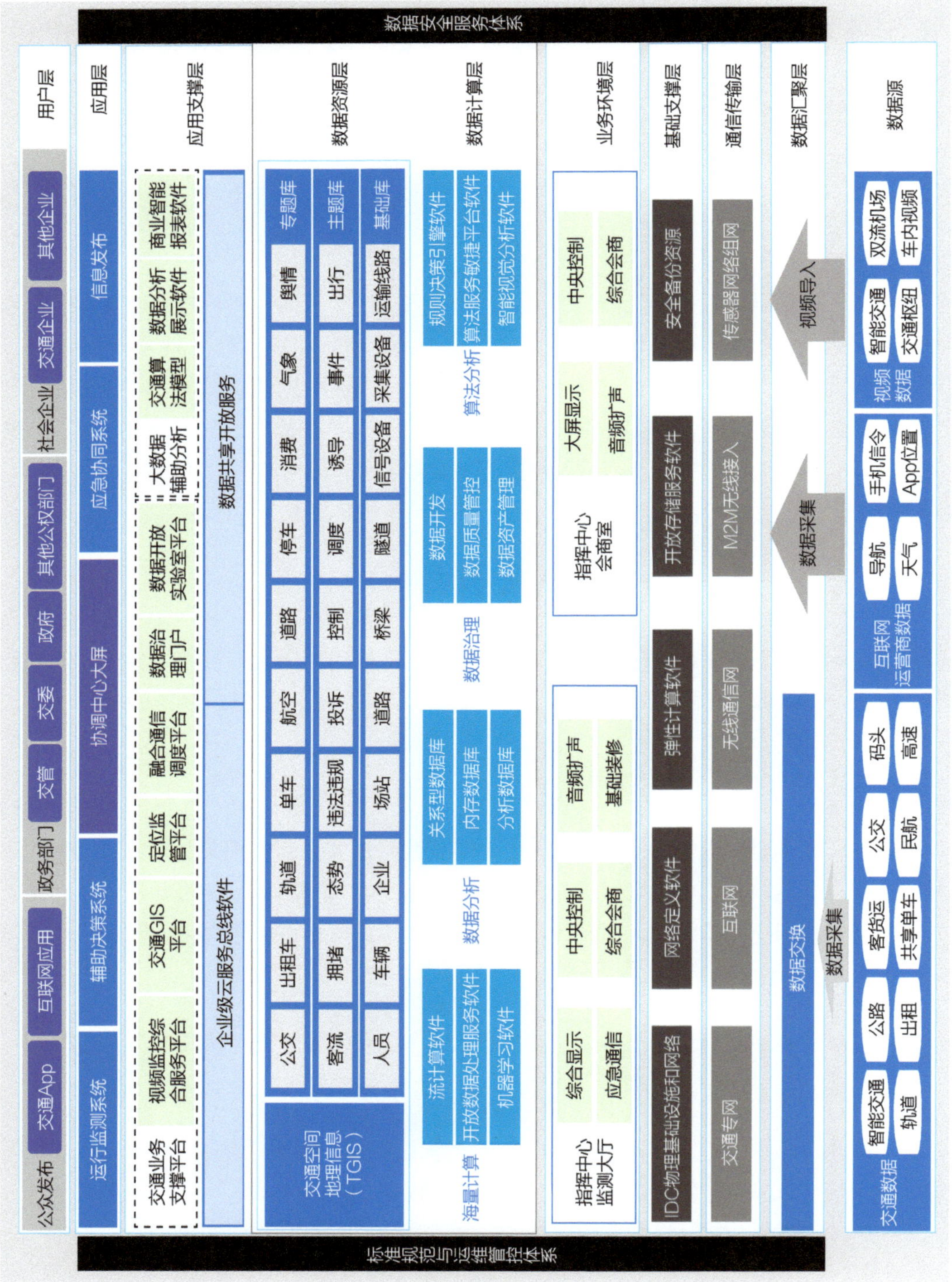

图 6-1-1 成都市 TOCC 系统总体架构图

室的建设，主要包括大屏显示、中央控制、音频扩声、应急通信、综合会商和基础装修等工程建设。

（5）数据计算层

数据计算层为本项目接入的综合交通大数据提供全链路数据处理能力，确保各种类型的数据被有效地存储、计算和治理。本层包含海量计算、数据分析、数据治理和算法分析模块，可以为交通运输车辆 GPS 定位数据、交通运输客流数据提供流计算引擎；为交通人、车、路历史数据分析提供离线计算引擎；为交通行为规律发掘、问题原因分析提供机器学习引擎；为多源异构交通数据关系分析、快速分析、结果存储提供关系型、内存型、分析型数据库；为数据整理、清洗、完善、安全提供数据开发、质量管理和资产管理工具；为预警报警阈值设定、算法模型搭建、交通视频分析提供规则引擎、算法开发引擎和视频分析引擎等。

（6）数据资源层

数据资源层主要完成对本项目数据资源的规划设计和分类管理，本项目管理的数据资源主要包括交通空间地理信息数据和交通基础数据、交通主题数据、交通专题数据。交通基础数据主要包括交通行业人、车、企业、基础设施等基本档案数据；交通主题数据包括交通日常出行、服务中需要掌握的客流、拥堵、违章、投诉、控制、调度、诱导等行为数据；交通专题数据主要包括交通行业管理中需要研究分析的公交、出租车、轨道、航空、铁路、道路、停车、单车等行业数据。

（7）应用支撑层

应用支撑层是整体应用系统建设的基础保障，为应用层提供一组共性和关键的功能服务，提供应用系统开发、部署、运行和管理的环境及其相应规范。提供的服务包括应用支撑服务和数据共享开放服务；提供的交通业务支撑平台包括为路、站、码头、车内视频提供统一接入、调取、发布管理的视频监控综合服务平台；实现交通空间地理信息导入、修改、叠加、展示管理的交通 GIS 平台；实现公交、出租、长途大巴、危险品货运、共享单车等运输工具定位和轨迹管理的 GPS 监管平台；实现应急情况下手机、短信、微信、对讲机、IP 电话、车载终端等多种通信设备快速信息收发的融合通信调度平台；为数据质量管理、痕迹管理、有效性管理提供操作平台的数据治理门户；各层级用户访问权限管理的统一权限管理平台；提供大数据辅助分析支撑，包括交通算法模型搭建工具、数据可视化管理工具和快速报表分析工具。

（8）应用层

应用层有效地承接了成都市交通行业原有应用系统分类标准，将实际应用系统分成了四个应用体系（即运行监测系统、应急协同系统、辅助决策系统、信息发布），应用层是实际应用系统的建设层，通过应用支撑层相关整合机制的建立，将实现应用管理层相关应用系统的有效整合，通过统一化的管理体系，全面提升交通应用系统管理效率，提升服务质量。

（9）标准规范与运维管控体系

本项目将系统标准规范建设贯穿于整个项目的建设中。一方面，系统建设必须遵循标准和规范，其设计、开发和实施等需要按标准和规范进行；另一方面，标准和规范的制定与维护离不开系统实践，标准和规范必须符合系统的实际需求。

信息系统建设完成后，需要落实机构、人员和资金，建设一套先进的综合运维管理系统，制定一整套科学合理的建设管理体系以及长效运维机制，规范系统的建设与运维管理。

（10）数据安全服务体系

系统的安全需求来自于业务本身，即以业务驱动为目的，而非IT技术驱动。在新的业务驱动下，信息系统安全变得更为重要。工程安全架构就是降低工程的安全风险、防患于未然，为工程提供一个稳定、可靠的安全支撑平台，保护工程信息的私密性、完整性、真实性和可靠性，从而保护业务的连续性。

5. 建设情况

目前，成都市 TOCC 基本实现了成都交通行业已有数据全接入，涵盖航空、公路、客货运输、轨道、公交、出租车、网约车、共享单车、公安交管等 14 大类，累计接入结构化数据 800 多亿条，视频监控图像近 10 万路，日均新增 GPS 数据超 2 亿条、订单数据 1200 万条、过车数据超 3000 万条，其接入交通数据的深度、广度、规模，在国内同类平台中遥遥领先。通过对交通信息的互联互通、有机融合，使 TOCC 平台实现交通行业大数据智能中心、监测预警、应急指挥、业务协同、对外服务、决策支持六大功能，并可面向多个行业细分领域提供数据与服务支撑。

成都市 TOCC 已完成了公交、出租车、网约车、轨道、长途客运、共享单车、重点运输车辆监测等应用全部功能，全路网交通流、售票刷卡数据、车辆轨迹等各类交通数据在成都市 TOCC 上均可一目了然，路面设施压力监测、交通拥堵机理分析、公交监控调度等数字化治理手段在 TOCC 上也都可一一体现。

同时，依托 TOCC 汇聚的全量出租车轨迹和打表等大数据挖掘分析，成都市 TOCC 在国内首推"驾驶人小秘书"App，为驾驶人群体提供信息服务，缓解热门商圈乘客打车难、驾驶人接单慢的社会痛点。截至 2021 年 9 月 15 日，成都双流机场出租汽车投诉率同比下降 90%。

在出行方面，为确保成都大运会举办期间交通运输服务质量，成都市 TOCC 率先启动建设成都大运一站式出行服务平台（成都大运 MaaS 系统），实现大运交通和日常交通的协调有序运行。截至 2021 年 6 月，成都大运 MaaS 系统已完成出行路线个人化规划、公共交通全模式整合的大数据展示、大运专车预约、POI 吃喝玩乐地图等 MaaS 核心元素功能开发。系统拥有中文、英文、法文 3 种大运官方语言的界面供选择，并利用人工智能语音翻译减少外宾与驾驶人、志愿者的语言沟通障碍，减少近距离接触，助力科技防疫。成都大运 MaaS 系统可满足外宾个性化出行需求，极大提高大运出行服务的智能度和便利度。

目前，成都大运 MaaS 系统已服务"相约幸福成都"田径、排球邀请赛，并测试了各项核心功能。例如，为参赛嘉宾提供定制化大运会专车出行服务，同时接入了出租、地铁、共享单车等服务。成都大运 MaaS 系统还在继续完善功能，探索打通各种交通方式的票制。从出行前的智能规划，到出行中的交通方式推荐，再到出行后的支付结算服务和整体服务评价，对外宾的出行进行全流程的综合交通服务。通过各种交通方式，串联起旅游、休闲购物等场景，为来蓉参赛人员、游客提供周到的服务。

6. 建设效果

成都市 TOCC 项目的建成投用，已实现对全市交通运行状况的整体监控，提升交通及相关部门的精准化治理水平，提高交通行业企业经营收入和服务水平，让市民出行更智慧、更便捷。

（1）经济效益方面

1）**增强公共交通出行吸引力，降低市民出行支出**。成都市 TOCC 对地铁、地面公交客流数据分析，帮助轨道集团、公交集团合理制定地铁行车组织和优化公交线网，精准投放运力，增强公共交通吸引力，有效降低碳排放，减少市民出行支出。每年节省运营成本约 1.44 亿元、减少二氧化碳排放 138 万吨、市民节省出行支出 17.88 亿元。

2）**增加市场主体经营收入**。成都市精准分析市民出行习惯和出行特征，帮助企业拓展市场潜在需求，增加市场主体经营收入。如通过对巡游出租车和网约车订单大数据对比分析，提出允许乘客通过网约平台拼车出行，可在早晚高峰缺车时段，提升全市出租车运力 2~3 倍，增加驾驶人收入 1.8 倍，驾驶人小秘书 App 可以帮助驾驶人日均增收 50 元以上。

（2）社会效益方面

1）**提高通勤效率**。利用 TOCC 交通大数据动态分析早晚高峰通勤出行时间、距离、成本等特征，帮助主管部门和运输企业发现通勤交通管理和运输服务具体短板和问题，提出公交线网优化、快速接驳和交通管制科学化、精准化建议，助力全市通勤效率提升。

2）**为城市交通规划和政策制定提供数据支撑**。包括居民出行结构分析、OD 分析、道路流量分析、节假日出行特征分析等常态化和专题报表报告。

3）**提升执法效率。** 通过 TOCC 大数据分析，实现对交通客货运输车辆实时运行状况的监测，高效查找违法违规问题线索，准确指引执法人员开展有针对性的监督检查工作，提高交通执法行政效率。

4）**做好城市重大活动保障。** 通过 TOCC 打通多元交通数据，实现大运会重点区域智慧交通保障，提供交通+旅游、交通+餐饮、交通+购物等一站式服务，在保障大运外宾在参赛期间出行便捷的同时，确保市民通勤出行不受影响。

6.2 上海"随申行"平台

1. 案例简介

为贯彻落实上海市委、市政府《关于全面推进上海城市数字化转型的意见》的重大决策部署，推动交通行业数字化转型加速迭代升级，在交通生活数字化转型方面，上海市以MaaS系统建设为主线，搭建出行即服务（MaaS）绿色出行一体化平台，打造了上海出行新品牌——"随申行"，整合相对孤立的各交通行业数据，串联多种便捷出行场景，推进公众出行"全链条"服务。规划到2025年，实现实时、全景、全链交通出行信息数据共享互通，建设融合地图服务、公交到站、智慧停车、共享单车、出租车、充电桩等统一预约服务平台。

2. 建设思路

上海市MaaS系统，是由政府主导，并专门组建主体负责建设运营的特大城市出行即服务平台，既体现政府公众出行服务的公益性，承担本市交通公共数据运营；又积极引入市场竞争机制，通过数据产品研发、数据服务供给，进行市场化运作，实现了"三个一"，即：通过数据共享整合，形成了一个数据底座，在此基础上，采用"一码通行"的方式串联各种出行场景，提供一门式服务和一张图查询，完成MaaS平台建设。

（1）提出共享出行"新理念"

从单一乘坐公共交通到"出行即服务"（MaaS）理念转变。交通生活数字化转型，覆盖公众生活中重要的出行场景，与人民群众息息相关，"随申行"App的上线为公众提供了一个一站式绿色出行服务的平台。它的新理念主要体现在两方面：通过打通人、车、路、网的数字闭环，助推市民从拥有"交通工具"向选择"出行服务"的理念转变；通过打通不同交通方式之间的数据壁垒，"随申行"充分发挥MaaS系统"共享化、一体化、人本化、低碳化"的理念运营模式，实现资源的高效配置与共享。

（2）营造绿色出行"新风尚"

为响应国家"双碳"目标，上海市通过MaaS系统和"随申行"App的建设，更好地提供公共交通出行便捷性，进一步落实"公交优先"战略，引导绿色和集约出行，进一步提升公共交通服务水平、城市绿色出行意愿、交通出行幸福指数，实现上海智慧、绿色出行的"新风尚"，如图6-2-1所示。

图 6-2-1 使用"随申行"App 公共出行可获得绿色积分

(3) 低碳生活出行方式"新体验"

借助"随申行"App 的智能行程规划功能，通过打造上海市绿色出行碳积分统一管理平台，市民不仅能根据实际需求和偏好生成最优化的出行方案，还能够通过公共出行方式获得绿色积分，让每位市民也都能成为绿色低碳生活方式的践行者，共同为绿色城市建设贡献力量。此外，市民还可以通过绿色积分参与线上公益性质的趣味养成游戏，后续还能加入植树冠名等公益活动，享受低碳生活出行方式"新体验"。

(4) 构建智慧出行"新生态"

出行即服务（MaaS）生态圈建设将分阶段、有序推进。

第一阶段：MaaS 1.0 逐步打通交通行业数据孤岛，并以"小切口"实现"深突破"。MaaS 1.0 通过整合公交码、地铁码与随申码，统一出行服务入口，率先实现三码整合"一码通"在公交、轮渡的全面应用，在地铁的局部试点应用。同时，深化公共出行"一块屏"、智慧停车"一键达"、出租叫车"一入口"等"小切口"成绩，初步构建智能出行"一门户"。

第二阶段：MaaS 2.0 致力于以更完整的生态、更多元的功能，满足市民的个性化出行需求。2022 年底将推动三码整合在公共交通场景中全面应用，不断拓展共享单车、网约车、一键拖车等公共出行及车生活服务，并实现航空、铁路、省际客运等功能的接入，打造数字机场"一平台"等示范性应用场景。2023 年底开始，将从"行"适时、逐步地延展到"衣、食、住、购、娱"以及文体、健康等生活服务各领域，构建上海特色生活服务生态圈。

第三阶段：MaaS 3.0 将升级到区域级 MaaS 技术，逐步拓展出行服务至长三角等其他区域，推动长三角一体化出行生态圈建立，如图 6-2-2 所示。

第 6 章　城市智慧出行服务技术集成及综合平台开发实践案例

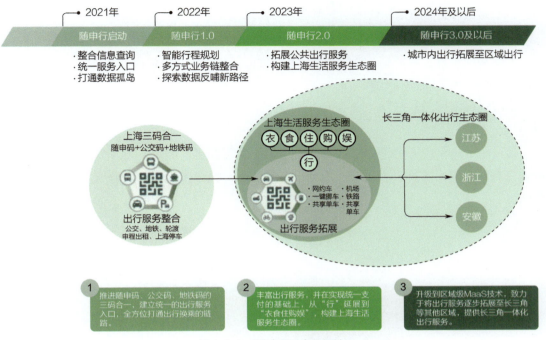

图 6-2-2　"随申行"发展规划

3. 建设方案

（1）实现便民出行"新服务"

1）地面公交、浦江轮渡、打车出行、智慧停车等出行服务"一键达"。"随申行"App1.0 版内设"公共交通""打车出行"和"上海停车"三大功能模块，提供一站式的出行服务：一是"公共交通"服务覆盖全市 1560 多条公交线路及 17 条轮渡线路，市民可以在 App 内报名"随申码"乘地铁招募活动，成为白名单用户即可在 11 条轨道交通线路的指定闸机刷"随申码"乘坐地铁；二是"打车出行"服务依托于上海市出租车统一平台——"申程出行"，整合全市优质的出租车驾驶人资源；三是停车服务覆盖全市 4300 多个公共停车场（库）和收费道路停车场、89 万个公共泊位，如图 6-2-3 所示。

2）智能规划出行、实时位置信息、公交到站信息、社区医院停车等"一屏观"。通过"随申行"App1.0 版，一是市民可以实时获取公交车辆当前位置和即将到站的位置信息；二是可以智能规划出行方案，灵活选择出行方式，减少通勤时间，告别等车焦虑，从容规划

图 6-2-3　上海出行服务整合：公交、地铁、轮渡、申程出租、停车

127

出行；三是出行服务覆盖从社区到医院等不同场景，满足广大市民的就医等出行需求。

3）随申码、乘车码、健康码、核酸检测结果等多码整合"一码通"。具体功能可实现：

①进入 App 就可以通过"随申码"，一屏展示"乘车码""健康码"和"核酸检测结果"，为用户提供了一个融合的平台入口；

②市民在出行时，打开"随申行"即可一键展码，无须再切换 App 或者重复扫描"场所码"；

③"随申行"也适用于"数字哨兵"的防疫保障要求，市民在进入商场等设置数字哨兵的公共场所时，可同样使用"随申行"一键展码，真正实现"一码畅行"，如图 6-2-4 所示。

图 6-2-4 "随申行" App 一键展码界面

（2）赋能适老出行"新方式"

围绕上海市全面推进城市数字化转型，打造具有世界影响力的"国际数字之都"的目标，"随申行"将充分发挥 MaaS 数据平台功能，打通数据孤岛、深度挖掘数据价值，大数据赋能城市"新治理"。在承担上海交通行业的公共数据运营的同时，"随申行"也积极参与市场竞争，通过数据产品研发、数据服务供给，进行市场化运作。

"随申行"与上海市出租车统一平台"申程出行"、上海 IPTV 业务平台"百视通"达成战略合作，在上海电信 IPTV 率先推出聚焦老年人智慧出行场景的家庭电视数字化出行助手——TV 智享出行产品。依托上海 MaaS 平台的交通大数据能力，TV 智享出行产品深度挖掘老年群体社区场景下的出行需求，在业内首次实现出行服务的"大小屏联动"，老年人在家通过熟悉的遥控器操作步骤不超过 3 次，就能查询周边公交、地铁的信息，打通社区和家庭老年人出行服务的"最后一千米"。基于大数据赋能，公共交通服务通过 IPTV 进入到千家万户，助力老年群体跨越"数字鸿沟"。

（3）引领交通行业生活数字化"新格局"

1）**共享单车上线，关注出行最后一千米**。在全更新上线的"随申行" App 2.0 试行版中，不仅将轨道交通、公交、轮渡、出租车、网约车等交通方式一一囊括，对于公共交通出行的用户，到家"最后一千米"的问题也被解决。"随申行" App 新增了"共享单车"服务功能，打通上海多家骑行资源，实现"一扫通行"，只需在"随申行"App上点击"扫一扫"功能，即可扫通不同家共享单车平台的车辆，并实现同步开锁。目前，"随申行"App 2.0试行版已经率先与"哈啰单车"达成合作，未来还将陆续接通美团单车、青桔单车、永安行（临港区域）等单车平台。

2）**省际出行纳入服务体系，春运出行更便捷。**随着"随申行"App的更新，跨越城市的出行现在也能享受便捷服务。升级之后的"随申行"App 2.0试行版，将不局限于上海市内通勤服务，目前已经全面接入长途客运、轮船、飞机、铁路等跨省出行渠道，用户将可以使用"随申行"App查询航班、车次等信息，还可以实现车/机/船票从购买到出行的完整体验。

3）**智能联程，打造自定义出行计划。**"随申行"App在打通公共交通，覆盖出租车、网约车等多元化出行服务之后，已经可以整合出"全链路"的出行方式。通过结合官方公安交通的一体化平台数据，它将为用户提供更加精准、更多组合种类的推荐出行方案。在后续2.0迭代版本中，系统还能根据用户出行习惯及偏好进行推荐，用户也能根据自己的实时需求，在行程规划过程中随时调整。

不同于一般的导航软件，"随申行"App 2.0试行版不仅拥有更精准的数据，用户在路途中，不用切换App界面，无论是网约车、地铁、公交还是单车出行，都能在"随申行"中一键完成，尽享快捷便利。

4）**全新上线"逛逛"，生活服务版图拓展在即。**除了日常出行服务之外，"随申行"App 2.0试行版还上新了"逛逛"页面，率先打通了上海市内"浦江游览"信息，从单一的"出行服务"拓展到"衣食住娱购"板块。未来，"随申行"还将覆盖更多日常生活内容，为每一位用户提供便利高效的生活服务。

"随申行"App 2.0作为在上海市政府指导、市国资委、市交通委大力支持下，推出的交通行业生活数字化转型——"出行即服务"（MaaS）品牌，拥有强大的技术支撑和数据覆盖。如今，"随申行"已经以"一码通行"全面打通公共交通、网约车出行、出租车出行、跨省交通、日常生活等诸多上海城市生活环节，也已全面支持个人用车中枢纽停车、ETC无感支付、停车充电等功能。随着不断探索更新，"随申行"还将不断迭代进化，为每一位上海市民提供更便捷、低碳、高效的出行服务。

4. 建设效果

上海MaaS将引领超大城市出行变革，为上海及长三角区域提供"智慧融合、绿色低碳、高效便捷、公益惠民"的一体化出行服务，通过全方位打造"MaaS出行及服务"生态圈建设，让上海及长三角区域公共交通服务水平更优、城市绿色出行效率更快、智慧出行感受度和体验度更好、人民出行幸福指数更高。

6.3 广州"穗通票"MaaS平台

1. 案例简介

"穗通票"MaaS平台基于"便捷出行""智慧出行""绿色出行""品质出行"的服务理念,将离散交通子系统向一体化综合出行平台转化,将各种交通工具(模式)整合统一在服务体系中,使用统一的数字交互界面来管理与交通相关的服务,包括出行规划、聚合支付、集中对账及清分结算、交通电子票管理、出行与生活服务融合、用户权益与信用管理等多项服务,以出行者为核心进行资源动态配置,实现出行服务的"一张网"、"一票行",提供多模式交通组合、门到门、无缝衔接的高品质出行服务,以及交通出行支付票证集采和分发统一服务,推动公交服务的共建、共治、共享及传统交通运输转型升级。

"穗通票"MaaS平台是广州羊城通有限公司依托羊城通庞大的用户基础,利用羊城通的交通支付统一清分结算优势,建设成的一站式出行服务平台。它结合出行信息大数据分析与运力调度实时高效运营,整合本地城市公共交通、在线网约车、ETC、停车等多种出行场景;面向出行用户,整合多种交通方式(如地铁、公交、出租等),在一个小程序内完成市内、城际、跨境出行等,提供一站式出行套票、云游结合等交通形态的整合服务系统支撑;基于用户出行偏好及相关大数据分析,提供全程智能规划、交通诱导等出行增值服务,提供量身定制的最优出行解决方案,满足用户多式联运出行需求;在行程中通过实时有效的需求传递,动态化地协同响应用户需求,使得交通服务运营管理更加精准科学。它可以通过一个平台账号,一次预约支付,一票式联乘完成全程立体出行,从而实现"互联网 + 绿色出行",如图6-3-1和图6-3-2所示。

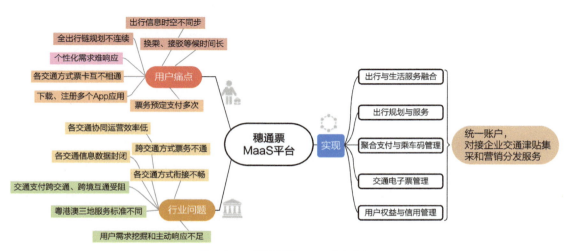

图 6-3-1 "穗通票"MaaS 平台理念

图 6-3-2 "穗通票" MaaS 平台交通融合

2. 技术路线

（1）建设内容

平台的框架形式自下而上分为感知设备层、基础支撑层、数据分析层、业务应用层、用户服务层 5 个层次体系，符合公共交通支付、公众信息服务、生活消费服务的技术要求；技术标准体系、应用创新机制与 5 个层次共同构成出行服务平台，实现业务管理、安全管理、风险控制、系统管理等各功能模块的协同。

就其建设内容而言，可以概括为"1 大中心、3 大平台"，即大数据中心和综合服务平台、云支撑平台、智慧感知平台。3 大平台建设有利于促进建成完善的"大数据中心"，而 1 大中心的完备同时也将极大地提升 3 大平台的建设与应用水平。总体而言，1 大中心与 3 大平台之间，存在相互促进的叠加效应，如图 6-3-3 所示。

（2）智慧感知平台

利用 GPS、App、新一代采集终端等各种检测设备和技术，采集交通支付数据、公交运行数据、居民身份信息数据、移动应用数据等，从而进一步提高对出行行为的数据采集率和动态感知能力。将建立独立的数据同步系统，用户数据的接入、分析、处理和存储。数据存储方式分为：关系型数据库存储（Oracle）、内存数据库存储（Redis）、分布式数据存储（HDFS）和文件存储（Files）。

平台通过系统对接或定期数据交换的方式，采集平台所需数据。主要应用的接口如下。

1）与广州智慧公交云脑平台接口：通过与广州智慧公交云脑平台的接口，获取公交车辆基础信息、站点基础信息、最新的公交线路、站点途经线路等静态信息，同时获取公交车辆实时到站、公交车辆实时运行等公交动态信息，多模式个性化联乘联运线路方案、旅行时

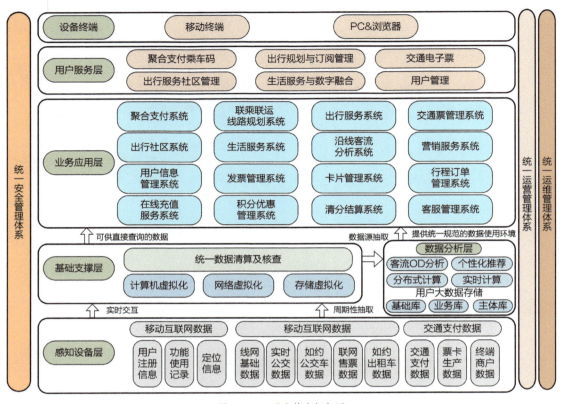

图 6-3-3 平台技术框架图

间动态预测、出行信息链动态提醒等信息。

2）与如约定制线路社区系统接口：通过与如约定制线路社区管理系统的接口，获取线路社区、线路众筹等接口信息。

3）与如约电子票管理系统接口：通过与如约电子票管理系统的接口，获取如约城际客票/旅游/校园/楼巴/通勤电子票信息、以及如约电子交通票自营平台和第三方合作电子车票分销平台接口。

4）与如约巴士平台系统接口：通过与如约巴士平台的数据接口，获取如约巴士的线路信息。同时获取购票、退票、订单查询等接口信息。

5）与如约联网售票平台系统接口：通过与如约联网售票平台系统的接口，获取客运汽车线路发班数据，同时获取购票、锁位、退票、订单查询等接口信息。

6）与如约的士平台系统接口：通过如约的士平台系统的接口，获取出租车、专车实时运行动态信息、载客订单动态信息等。

7）与如约用户管理系统接口：通过与如约用户管理系统的接口，获取用户信息、订单管理、出行里程积分获取、兑换、客服中心、意见反馈等接口信息。

(3) 云支撑平台

传统数据中心架构包括服务器、网络、存储三层，设备众多，配置复杂。超融合基础架构将物理资源抽象化，构成一个可灵活分割、分配的资源池，以高效稳定支撑业务应用，实现海量信息存储、弹性使用资源、信息实时处理、数据清分结算等功能。

超融合基础架构是一种可横向扩展的计算和存储基础设施，实现了计算资源、存储系统和网络资源的高度融合，形成统一的资源池，并提供备份软件、快照技术、重复数据删除、在线数据压缩匀速等服务，是一种具备横向扩展能力的构造块式基础架构。上述资源池的关键功能以软件形式在紧密集成的软件层中的 hypervisor 上运行，从而可通过软件提供以前通过硬件提供的各种服务。超融合基础架构无须外置专用存储（SAN 或 NAS），并支持传统网络存储架构所支持的全部管理程序功能，包括实时虚拟机迁移和高可用性等功能，为应用业务提供足够的支撑，如图 6-3-4 所示。

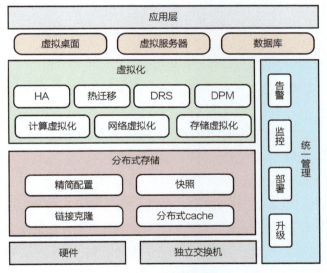

图 6-3-4 虚拟化架构图

图 6-3-4 所示架构中主要部分的能力如下。

网络：每台物理服务器不少于 2 个 10GE 网口，分别连接到 2 台外置交换机做端口聚合，实现万兆端口的性能增益。

超融合资源池（虚拟化和分布式存储）：一个由高性能的节点或服务器组成的横向扩展型集群，每台设备运行一个标准的管理程序；集群还含有处理器、内存和本地存储器，支持 SSD 和机械硬盘。每个节点都运行虚拟机，如同标准的虚拟主机一样。此外，所有节点的本地存储器均通过超融合基础架构横向扩展型融合存储（SOCS）架构进行虚拟化，成为一个统一的存储库。

数据交换：通过分布式交换机的带宽分配策略，实现在同样的物理交换机和链路上不同业务的网络带宽配额。

建设超融合基础架构后，当平台需要更多的资源时，只需要通过增加节点的方式进行集群扩容即可。每增加一个节点，相应的计算、存储空间和性能可以得到线性的增长，服务器节点可随虚拟机部署量的增加而逐次增加，并且可以无缝地扩展到集群系统中。基于自动部署的技术日渐成熟，增加节点的工作几乎是全自动的，可有效地减少因本平台业务增长和增量业务发展而产生的初次部署成本、运维成本，并节省服务器数量。

统一数据清算：以城市公共交通支付应用为发展基础，以互联网增值应用未来需求为导向，并以第三方支付为拓展渠道的需求，建立能支撑出行服务发展的清算系统，满足未来透支业务、电子票证业务、小额支付业务等互联网增值应用的清分结算需求，要求实现数据资源统一规范管理，高效处理联机和脱机交易数据，实现交易数据有效清分，并提供高效、安全、准确的数据统计、数据查询等功能。

交易数据收集：通过数据接口获取原始交易流水数据、电子票证交易数据、信用管理数据。

基础数据校验：验证交易数据合法性、合理性和唯一性的过程，通过数据检查将非法数据、异常数据剔除，以保证清算流程的顺利执行。

流水数据核对：需要通过票卡余额校验、SAM 卡流水号检验、票卡流水号检验等方式，进行流水数据核对。

异常数据处理：当交易数据出现异常时，进行数据进一步核查并处理调账数据。

清分处理：对通过基础数据校验的有效数据及时进行清分。

清算数据下发：提供 WebService 接口和 FTP 两种下发方式。

清算数据接口：通过制定清分数据接口，可与外部系统进行数据对接和交互。

监控功能：对运行状态进行监控，可以监控数据处理的各个阶段及完成情况。

报表管理：根据交易流水数据生成不同纬度的报表数据，提供给用户直观的统计数据。

电子票证清分：通过获取标准流水格式的电子票证交易数据，根据电子票证清分业务规则对电子票证交易数据进行清分。

（4）综合服务平台

提供应用功能，通过用户服务层向市民大众提供 App、小程序多种方式的服务。依托统一平台，为平台用户提供交通电子支付、票务预订服务、出行规划、信息查询、导航定位、候车换乘提示、业务客诉等多元化应用服务，支持公交、地铁、城际轨道、道路、水运、共享汽车等旅运资源，以及第三方出行生活服务平台接入，构建以平台为核心的"点到点"/"门到门"一站式出行服务，将逐步整合餐饮、购物、娱乐等其他城市功能，打造智慧城市。

（5）大数据中心

综合利用云计算、大数据、物联网等先进技术，以公交移动支付数据、用户出行及消费特征数据、公交基础数据、GPS 数据、调度数据等移动互联、多源、异构数据为基础，从公交出行需求出发，整合出行用户、公交企业、商户等行业资源，通过公交信息融合分析和创新服务，实现乘客社会属性信息与公众出行信息、公交系统运行信息、互联网商业行为信息等之间的关联，同时挖掘出行数据价值，开展公交数据分析、应用业务，形成公交运营决策、出行规划、消费引导一体化的智慧公交服务新模式，实现精准化的公交决策、精确化的运营调控、精细化的智慧公交服务。大数据中心架构图如图 6-3-5 所示。

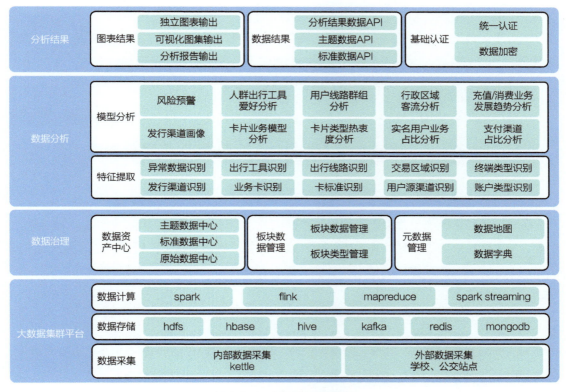

图 6-3-5　大数据中心架构图

大数据中心是信息数据交换共享与协同应用的载体，通过海量数据实时分析，建设出行可视生态系统，助力数字城市建设。同时支撑统一基础下的智慧出行规划、分析、决策，全面推进智慧城市建设，提高政府管理和公众出行智慧化水平。

3. 建设方案

整个"穗通票"MaaS 平台的出行服务系统包括以下六个主要构成组件。

（1）联程联运线路规划

实现基于选择规则（时间、费用、换乘等约束条件）的多交通方式出行方案查询与出行链信息订阅服务，输出交通枢纽（机场、高铁站、客运站）和市内主要场景出行解决方案。通过 AI+ 出行深度融合，采用先进算法，提供智能行程管理，可持续对行驶路径进行再计算，并实现交通数据的实时更新。展示部分多模式联运的互联及共享移动出行服务，同时还平台化方式整合后端供给能力实现车辆的柔性化调度，提供面向个性化需求的动态响应式出行解决方案，让用户真正做到"我的出行我做主"，是整个一站式出行服务系统的出行前提基础。

（2）出行、票务预订

它负责完成电子车票的购买、获取、转赠，也负责与第三方支付系统的对接，为一站式出行套票、周、月票、运游结合等交通形态的整合票务服务提供系统支撑。

（3）智慧票务通行

提供以电子交通票、人脸识别、生物指纹识别等多种身份识别认证通行手段，提供注册、信息录入、信息识别比对、数据核销、客流预警实时数据收集等功能，是一站式出行服务的核心。

（4）聚合支付系统

搭建公共交通聚合支付乘车码系统，整合实现各交通场景下互联网支付通道、集合对账服务、技术对接服务、差错处理服务和运行维护服务等统一管理，降低交通企业接入维护和结算成本，提高互联网支付结算运行效率，建立支付交易运营体系，为用户提供基于支付的一站式出行服务。

（5）行程订单管理系统

提供出行前、出行中、出行后全链路信息诱导、上下车提醒功能、交通拥堵情况反馈、行程分享、订单评价、发票领取等功能。

（6）积分兑换系统

提供出行积分兑换车票或其他礼品兑换的功能，倡导绿色人文低碳化出行。

4. 创新功能

"穗通票"MaaS 平台集成出行与生活服务融合系统、出行规划与服务系统、聚合支付与乘车码管理系统、交通电子票管理系统、用户权益与信用管理系统，在原有的出行规划与单一出行方式的预定和支付基础上，扩展了出行与生活服务、用户权益与信用管理等创新功能，围绕"数字生活+交通出行+聚合支付"，突显"一站式"，可满足用户和实际运营的需求，如图6-3-6所示。

图6-3-6 "穗通票"MaaS平台融合应用界面

"穗通票"MaaS平台分为云支付管理平台、企业端管理平台（B端）、用户层的小程序（C端）三个部分。

（1）云支付管理平台

云支付管理平台包含：系统运营监控系统、数据清算对账系统、业务运营管理系统、客户服务管理系统。为交通承运集采和分发提供统一的平台服务，集合对账服务、清分结算等功能，为用户提供交通出行统一的购买服务平台。

（2）企业端管理平台

企业端管理平台包含：企业信息管理、人员管理、查询统计、福利派发。提供订单式出行采购服务，为企业解决交通出行管理问题。集采承运服务，降低交通出行成本，配合宣传营销引流，提升推广效率，如图6-3-7所示。

图6-3-7 "穗通票"MaaS平台B端——出租车板块

（3）用户层的小程序

用户层的小程序包含：出行服务、信息查询。提供承运服务满足用户多式联运出行需求，提供路径规划、交通诱导等出行增值服务。基于用户出行偏好及相关大数据分析，为用户提供精准周边服务，如图 6-3-8 所示。

图 6-3-8 "穗通票"MaaS 平台 C 端——公交、地铁板块

"穗通票"MaaS 平台作为 MaaS 理念与我国实际情况相结合的新实践，聚合多式出行场景，线上电子车票符合我国消费者虚拟化支付习惯，智能决策赋能用户智慧出行，并以交通出行数据为基础数据，建立交通数据模型，共享交通大数据资源，释放全产业链的数据价值。目前，平台已打通市内交通方式和票务系统，未来还将逐步接入飞机、铁路、城际、航运等交通方式。

截至 2022 年 8 月，"穗通票"MaaS 平台累计用户数超 4000 万人，实名用户数超 935 万；累计交易笔数超 6.79 亿笔，累计交易金额超 14.91 亿元，日最高交易笔数超 120 万，交易金额约 300 万。

6.4 "苏州智行" MaaS 平台

1. 案例简介

2019 年 9 月发布的我国《交通强国建设纲要》提出了"大力发展共享交通，打造基于移动智能终端技术的服务系统，实现出行即服务（MaaS）"的明确要求，为当前我国如何加快实现出行服务从"走得了"向"走得好"转变指明了发展方向。交通运输部也于 2019 年印发《数字交通发展规划纲要》，指出要打造数字化出行助手，大力发展智能公交等城市出行服务新业态。《江苏省人民政府办公厅关于深入推进数字经济发展的意见》中指出，完善综合交通协同运营与管控，积极发展多式联运。完善交通出行综合信息服务体系，提供多方式融合衔接、按需响应、随需而行的高质量服务。《苏州市国民经济和社会发展第十四五规划和 2035 年远景目标的建议》中也提出了构建现代综合立体交通运输体系，加快综合立体交通网规划建设，将苏州打造成为上海国际性综合交通枢纽的重要组成部分、全国性综合交通枢纽城市、交通强国建设示范市。

在此背景下，苏州市人民政府联合国家重点研发计划"城市智慧出行服务系统技术集成应用"项目组，合作开发了面向民众出行的专用"苏州智行"MaSS 平台。该平台以便民利民为核心思想，践行数据赋能、为民赋能的理念，结合苏州市的数据优势和资源优势，全力打造全要素联动、全方式融合的一站式出行服务新模式。

整个平台旨在构建门到门的一站式全链条出行服务新模式，出行前依据复合网络和实时交通状态生成组合出行方案候选集及激励积分空间，依据个体偏好设置或出行趋势预测结果智能推荐最佳出行方案，通过伴随式服务主动提醒用户出行信息，并针对 P+R 模式提醒资源预约；出行中，基于事实管控信息和事件信息动态更新出行方案，提供地面/地下一体化的导航服务及正向寻位和反向寻车等功能，一站式完成费用支付；出行后，清算激励积分并从出行时间和出行体验等维度对服务质量进行评价，打造出行服务过程和服务技术升级的双闭环。

2. 平台架构

"苏州智行"平台建设遵循统一性原则、先进性原则、标准化原则和可扩展性原则，形成覆盖出行全过程的城市出行服务新模式，建成集感知、研判、决策于一体的大城市综合交通智能出行服务系统，实现城市公共交通，公交、轨道、出租车、公共自行车出行方式全覆盖，总体功能框架，如图 6-4-1 所示。

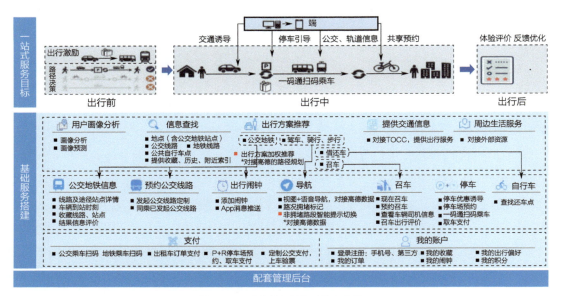

图 6-4-1 "苏州智行"功能架构图

"苏州智行"平台共包括三部分内容：一是智慧出行服务客户端软件，供出行用户使用，支持 Android、iOS、Windows 等操作系统；二是智慧出行服务云端软件，除优化个体出行服务方案外，还可为行业监管部门、公共交通运营商、系统管理者提供监管与分析用户出行需求等功能；三是智慧服务评价与监管模块，帮助行业监管部门、公共交通运营商、系统管理者优化公共交通的出行服务水平。平台的总体框架如图 6-4-2 所示。

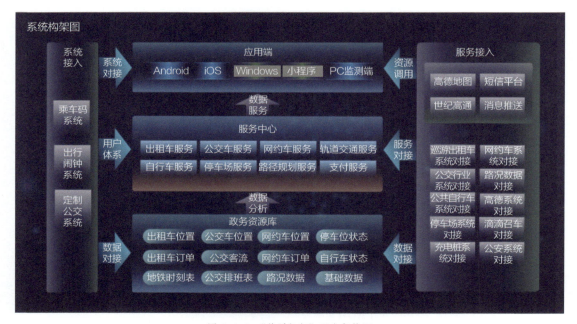

图 6-4-2 "苏州智行"平台架构图

3. 功能模块

子模块功能主要包括出行前的偏好设置、组合路径规划、出行方案及共享资源查询、智能推荐、主动引导 5 大类，出行中的方案动态调整、行停一体化导航、一站式支付 3 大类，出行后的服务评价 1 大类，以及 P+R 出行、绿色出行激励、出行问题上报 3 大类其他重要功能。

（1）出行前出行偏好设置

在出行偏好设置功能页面，用户可以根据自己的实际出行行为在软件中设置"家"与"公司"位置，出行偏好包括驾车、公交、公交+地铁、公共自行车+地铁、打车、P+R、车牌号与上下班时间。系统将基于上述信息为用户提供定制化的出行服务，包括出行方案的生成、出行资源状态的提醒、停车预约等功能。

本设置是出行服务智能推荐的重要依据，是用户出行画像的重要可靠数据来源，不仅对于出行者自身的方案定制优化与主动推荐有重要意义，也是其他反演类用户画像标签的重要参考，是整个平台提高出行方案精准与主动化的关键所在，如图 6-4-3 所示。

图 6-4-3　出行偏好设置

（2）出行前组合路径规划

路径规划向用户提供出行方案的详细出行过程，并给出对应的所需出行时间与激励奖励积分。路径规划类型包含单方式和组合方式，在每个出行子片段中均开发了相应的导航功能，包括行车导航、步行导航、停车场库内部导航等。出行方案可按照推荐出行、组合出行、驾车、步行等方式进行分类，无画像和偏好设置信息时，系统将组合出行默认为推荐出行，鼓励更多的出行者选择绿色出行模式。

本模块功能与现有的导航和出行服务 App 相比，其显著特点包括如下两点：一是出行方式资源全覆盖，出行方案不仅包含常用的公交+地铁、P+R 及单方式出行等方案，二是包含了公共自行车、出租车等资源片段，可以从全要素资源的角度优化全局最优的组合出行方案。

（3）出行前出行方案及共享资源查询

系统首页面具有步行、打车、驾车等现有出行服务软件的常用功能，新增了组合出行、推荐出行、激励出行等新型服务模式。同时，也可以查询激励规则、停车资源动态信息等，为用户出行方式选择提供决策支持依据。在用户选择特定出行模式后，系统自动切换至相应模式的方案列表中，包含预估出行时间信息、距离信息、积分信息等。其中的距离信息由复合路网中测量获取，估计出行时间由出行距离和交通状态融合推演获得，积分信息依据激励规则测算。

推荐出行中针对画像用户依据个体偏好和出行历史距离推荐出行方案并按照概率进行排序；针对非画像用户依据综合出行成本多少进行方案排序；用户选择具体推荐方案后可以查询具体路径及其他重要信息。针对 P+R 用户，子系统会自动导出停车位信息及车位信息，在可预约的停车场/库进行出行前的资源预约。

此外，本模块还支持具体地点、公交站点、公交线路、地铁站点、地铁线路以及周边设施查询，系统可根据关键字提供索引项及相应的快捷操作入口，默认情况下展示附近 1km 的资源分布情况，如图 6-4-4 所示况。

图 6-4-4　出行方案及资源查询

（4）出行前出行方案推荐功能

App 向用户规划多组出行方案，并基于用户的出行偏好设置进行优化推荐。当用户没有设置偏好或者尚未提取其画像时，App 自动推荐组合方案。出行方案基于复合网络生成，优化过程基于实时状态信息、公交车辆监测信息、路口/枢纽检测信息息测算综合出行成本，包含出行时间、出行舒适度、直接成本等方面，并基于综合成本推荐出行方案，保证了方案的时效性与可靠性，如图 6-4-5 所示。

（5）出行前主动引导服务

用户根据自己的实际出行需求，可以在出行闹钟模块设置出行闹钟，包括出行时间、上车线路及站点、提前提醒时间、提醒方式、是否重复等。根据出行闹钟，系统将向用户提供公交实时到站提醒通知，并依据设置的 OD 点与站点距离优化配

图 6-4-5　一站式路径规划

置出行提醒通知。该功能可以提高出行者的出行时间可靠性，减少不必要的等待时间损失，提升服务品质，如图 6-4-6 所示。

图 6-4-6　出行闹钟提醒设置与提醒

（6）出行中的方案动态调整

本平台接入了苏州市的实时管控信息，包括事故、突发异常等多维度信息，通过多渠道包括 App 端发布的方式引导出行者适时调整出行方案；同时，子系统也会依据实时管控信息和事件信息动态预测路网多尺度状态，将拥堵结果实时展示于导航地图；进而依据预测结果更新方案的时间成本和综合出行，测算更新后各方案与执行方案的成本差值，当其差值大于一定阈值时，提醒用户是否切换方案。在用户确认方案切换后，出行方案及服务导航自动切换至新方案，如图 6-4-7 所示。

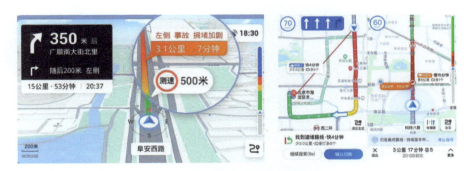

图 6-4-7　事件提醒及方案调整提醒

（7）出行中行停一体化导航

地面与地下车库可能存在地图非一致性等问题，子系统开发了跨地图的自动匹配及切换技术，地面导航进入停车场后，系统通过蓝牙读取场库信息实现室外室内导航切换，并借助车位级导航功能完成正向寻位与反向寻车,极大了提升了 P+R 换乘模式的便利性,提升了出行效率和服务质量,在智慧出行服务领域首次实现了真正行停一体化的全链条式服务,如图 6-4-8 所示。

图 6-4-8 智能换乘与全链条导航服务、停车场内部导航服务

（8）出行中一站式支付

平台整合了多种出行方案的支付通道,开发了一站式出行服务功能。用户可以在同一个界面上实现支付类型的快速切换,避免跨平台支付的烦琐操作,提高了用户体验,如图 6-4-9 所示。

图 6-4-9 一站式"乘车支付码"

第 6 章 城市智慧出行服务技术集成及综合平台开发实践案例

（9）出行后服务评价

用户在完成订单支付后，自动弹出评价功能，包括为对行程的评价、打车订单评价等，完成支付、评价一体化；云端软件汇聚评价结果并分析存在的问题，进而迭代优化出行服务系统，实现支付－评价－升级的大闭环，如图 6-4-10 所示。

图 6-4-10　出行服务评价

（10）P+R 出行

在主界面上点击 P+R 模式后，系统会自动出行目的地和车库分布情况生成 P+R 的出行方案，当用户选定停车库后系统会根据停车场的可预约车位数提示用户是否需预约车位；若用户选择预约，在预约成功后自动锁定车位。同时，系统提示是否需要导航，用户确认选择后，系统进入导航模块，并依据出行时间最小化原则规划出行路径，如图 6-4-11 所示。

图 6-4-11　P+R 服务过程

（11）绿色出行激励积分

为响应绿色出行，提高出行者选择公共出行的频次，系统为每个公共组合出行方案提供了对应的激励积分。按照绿色出行方案后用户可获得对应的出行激励积分进行后续的奖励兑换，如图 6-4-12 所示。

图 6-4-12　出行方案对应的绿色出行激励积分

4. 服务外延

为尽可能发挥平台服务能力，在苏州市相关职能部门的联合协作下，"苏州智行"通过外延服务的模式赋能"苏周到"，并开发了公交站台固定式智慧出行服务装备设备、小程序、公众号等服务子平台。

（1）站台固定式

以精细化服务为理念，面向非智能手机用户或外地游客开发了站台固定式智慧出行客户端装置，具有组合出行方案查询与共享资源预约功能，并面向特殊群体提供语音播报功能，总体框架如图 6-4-13 所示。

一是实时公交信息展示图，包括公交竹节图、车辆实时在线位置、预估到站时间等，方便乘客了解车辆信息；同时，线路信息设置了二维码，乘客可以扫描二维码在手机端实时查看关注的线路信息。

二为出行服务区块，包括综合查询、实时公交、出租车、周边等功能。综合查询用户通过输入起终点可以查看以出行时间为排序规则的组合出行方案，点击某组合方案后显示详细的线路信息包括换乘站点等；实时公交可以在地图上直观的展示站点/线路分布及实时公交位置；出租车可以查看实时车辆位置，并可通过交互界面发送出租车预约请求；周边信息是为了更好的服务外地游客，展示了站点附近的酒店、景点等出行服务的外延信息。

三是辅助服务，主要是针对特殊群体设计的语音播报功能，点击按钮后可面向视力障碍者提供出行信息服务，如图6-4-13所示。

图6-4-13 站台固定式服务终端框架

（2）"苏周到"功能外延

针对目前"苏周到"智慧出行模块存在缺少一级入口，功能分布分散，功能相对单一，缺乏深度服务，资源利用孤立，缺少系统整合，查询功能为主，过程服务不足，地面服务为重，行停一体缺失的局限，而"苏州智行"实现了云端软件与苏周到的底层打通，并联合"苏周到"开发企业完善了平台功能。

用户体系：用户体系由"苏周到"通过实时同步到"苏州智行"系统，实现无缝衔接、漫游，并将个人出行服务的相关信息在"苏周到"个人信息"我的"中显示，需同步的个人信息主要包括用户标识、姓名、手机号。

消息机制共用：开发了"苏州智行"系统与"苏周到"App的出行信息推送功能，主要包括系统通知、出行通知、活动信息、服务通知等。

支付体系共用：出行服务系统中涉及支付功能，采用"苏周到"一码通的支付体系，通过跳转形式实现了扫码支付。

个人信息嵌入："苏州智行"系统中涉及个人出行信息的设置或查询，直接通过"智慧出行"入口独立实现，如出行偏好设置、出行收藏列表、出行闹钟设置、出行订单等。

地图功能嵌入：通过"智慧出行"入口独立实现。

其他出行功能：其他出行系统中的功能，通过"智慧出行"入口的H5页面嵌入实现。

功能嵌入：移动端所有功能以整体"智慧出行"模块集成到"苏周到"App中，实现了"苏州智行"平台的全部功能外延。

5. 实践效果

"苏州智行"平台自 2022 年 11 月试运行以来,受到了苏州市民和出行者的广泛关注。根据 2023 年 3 月份,中国智能交通协会对"苏州智行"平台实践效果的综合测评,本平台实施前后,服务群体的出行时间总体降低了 18%、出行可靠性提升了 25%,极大地提升了出行服务的品质,提高了居民出行满意度。

6.5 北京绿色出行一体化服务平台

1. 案例简介

交通拥堵已经成为中国的城市病。根据高德 2019 年报告，如果高峰时段在全国最为拥堵的 10 座城市中驾车出行，需要比平时多用接近一倍的时间。解决城市交通出行的供需矛盾是治堵的核心，其关键是优化出行结构，提升绿色出行的比例。我国人口基数大，特大城市、大城市公共交通出行的比例在全世界是排在前列的，根据官方数据，北京和上海的绿色出行比例分别达到了 74%、80%，领先于很多发达国家。这种情况下，要进一步提升绿色出行比例缓解交通拥堵难度比较大，要不断提高公共交通出行的满意度，出行即服务（MaaS）便在中国有了更加迫切的需求。

出行即服务（MaaS）有三大特征，第一是统一平台，第二是数据驱动，第三是全生态服务闭环。与其他国家相比，当前阶段中国发展 MaaS 具有几个突出的优势。第一，公众绿色出行的比例高，获得服务的需求大，存在着巨大的市场潜力。第二，导航系统的不断升级、强大，成为最好的统一服务平台入口。作为公众出行的必备工具，导航在功能上已经突破单一的路径诱导而成为国民出行平台。高德已具备提供从门到门的无缝衔接出行服务能力，平均每天有 38.6% 的高德用户选择绿色出行。第三，依托导航服务平台融合了公共交通、打车、快车、骑行和步行等多种出行方式，每天汇集海量的出行数据，为 MaaS 系统快速落地奠定了坚实的基础。2020 年 11 月，北京交通委与高德合作打造北京 MaaS 平台，为市民提供整合多种交通方式的一体化、全流程的智慧出行服务，成为国内首个落地实施的一体化出行平台应用试点，目标是到 2022 年每天为 80% 市民提供绿色出行服务，每年实现 5000 万人次的绿色出行转化。

2. 建设思路

随着北京 MaaS 生态圈的逐步完善和各家机构的协同合作，创造出了很多有利条件便利市民绿色出行，进一步提高了城市绿色出行水平，实现交通领域碳达峰、碳中和目标。北京交通一直坚持低碳发展理念。

1）2019 年，北京推出国内首个绿色出行一体化服务平台，整合地铁、地面公交、步行、骑行、自驾、网约车等出行方式，向公众提供全流程、一站式出行服务。

2）2020 年，创新提出基于 MaaS 的绿色出行碳普惠机制，上线"MaaS 出行 绿动全城"碳普惠激励行动，激励引导公众绿色出行。

3）2021年，北京达成全球首笔绿色出行碳普惠交易，实现绿色出行碳普惠激励机制闭环。

4）2022年，上线重点区域周边停车引导、冬奥综合交通出行信息发布、无障碍出行服务等特色功能，冬奥期间累计服务上亿人次。

3. 建设方案

（1）建立统一出行平台

从传统自驾导航工具升级为综合出行服务平台，引入了用户分类的概念。用户首次启动新版地图时，会出现一个直观的出行偏好选择页面，如图6-5-1所示。

选择出行偏好后，绿色出行用户和驾车出行用户会看到不同的主功能入口和地图样式。如绿色出行用户会看到公交地铁规划、实时公交等功能，地图会展示附近的公交站；而驾车出行用户会在地图上看到附近的交通拥堵路况，如图6-5-2所示。

a）绿色出行偏好主界面　　b）驾车出行偏好主界面

图6-5-1　出行偏好选择页面　　图6-5-2　不同出行偏好的主界面展示图

1）**用户分类沉淀与更新**。用户使用高德一段时间后，推荐服务会根据用户的一些关键行为动作，纠正其用户画像，如图6-5-2所展示的默认推荐入口排序会发生变化。例如，用户经常使用骑行、步行，打车行为较少，在用户未发生自定义入口的情况下，用户的打车入口会被步行入口替代，调整逻辑如图6-5-3所示。

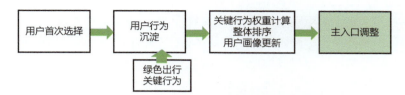

图 6-5-3 用户分类沉淀与更新对主功能入口排序的影响逻辑

2）运营推广能力。在用户分类沉淀与更新后，当管理者出台出行方式引导政策、运营者发布优惠措施等运营引导行为时，用户的主功能入口排序也将进行相应的变化，调整逻辑如图 6-5-4 所示。

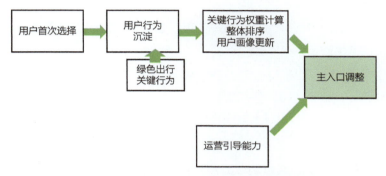

图 6-5-4 运营推广能力对主功能入口排序的影响逻辑

（2）实时公交电子站牌服务

实时公交数据接入。 通过建立标准化的数据接入规范，业主可以快速、低成本地将本地公交动态数据接入高德，并在高德的数据体系内获得数据清洗、匹配纠偏、数据透出和数据回传服务。

①**电子站牌。** 页面数据：页面展示时，从中台获取站点、线路数据及排序，刷新时机与页面生命周期、子信息展示相关。

站点卡片详情：首个站点卡片默认展开，最多展示 4 条线路信息，超出展示"查看更多"。用户点击"查看更多"，请求站点详情，展示该站点下所有线路。

实时公交信息展示模板：根据不同的车辆运行状态和用户请求时机，展示不同的信息模板，以满足用户诉求，兜底各种极端情况，本质是对实时公交动态信息的组织和展示。

关注线路卡片：展示内容根据用户位置、关注线路距离、时间等因素判断展示和排序。

信息下发系统：用于展示活动信息或线路调整等突发事件，将官方信息精准触达用户。电子站牌展示如图 6-5-5 所示。

图 6-5-5 电子站牌页面

②**公交线路详情。**数据组织：线路静态数据为请求线路详情接口，动态数据（实时公交）为中台返回。用户点击"刷新"、用户切换站点等动作会触发实时数据刷新。

页面展示：线路名称、起终点信息、下一站信息等线路静态数据，以及随线路详情下发突发事件。没有下发则不展示该信息。在静态数据下方展示，出现时将剩余信息向下挤。

实时公交卡片：展示当前高亮站点的实时公交到站信息（文案 + 实时公交信息 + 图标）。对应中台下发不同模板，前端展示内容不同，如图 6-5-6 所示。

③**实时公交信息卡片。**当绿色出行用户在公交站牌附近打开高德地图 App 时，地图会根据用户当前定位，智能匹配用户关注或即将乘坐的公交线路，自动将实时公交信息推送到用户眼前，省去用户额外操作，简洁明了。

用户类型：仅针对用户类型为公交用户生效，在信息卡片中存在整体显示优先级，可根据云控控制开关及相关阈值。

数据加载：用户打开高德 App 时，客户端根据状态机站点接口，根据下发的站点条件，决定是否展示卡片。可根据用户场景及中台返回数据的状况进行定频和变频刷新，如图 6-5-7 所示。

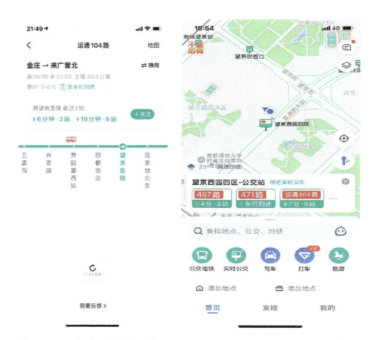

图 6-5-6 实时公交线路详情页　　图 6-5-7 实时公交 C 位卡片

④**公交车拥挤度信息。**根据用户当前规划的起终点诉求，规划多种换乘方案，并分别提供公交拥挤度信息透出，配合交通拥堵情况预估，给用户充分的决策信息基础，消除用户对公交拥挤的担心，引导用户选择公共出行方式绿色出行。

该数据可同地铁拥挤度或实时公交信息接入，并接入高德 App 的用户反馈体系以供用户提供众验。

（3）个性化的综合交通出行规划

根据用户的出行偏好，提供"地铁优先、步行少、换乘少、时间短、不坐地铁"等多种出行规划建议。用户可以横向滑动来切换不同的偏好，带给用户更明确的出行选择，以查看中意的个性化线路。

用户进入公交规划结果页后，展示新的偏好和时间选择界面。规划偏好分为横向滑动的偏好横栏和时间按钮。从左到右展示的公交规划选项为：高德 App 推荐、地铁优先（在有地铁的城市展示）、步行少、换乘少、时间短、不坐地铁（在有地铁的城市展示）。用户首次进入，或本地没有继承数据的情况下，默认选中高德 App 推荐，如图 6-5-8 所示。

图 6-5-8　个性化出行线路推荐

（4）公交出行全过程引导服务

开创性地引入"公交/地铁乘车伴随卡"，将"我在哪"、"我还有多久下车"等信息，直接在伴随卡显示，如图 6-5-9 所示。伴随卡会根据用户的位置实时展示用户正在乘坐哪条线路、还剩几站换乘、剩余时间等，当用户即将到达目的地或者需要换乘时，能及时提醒用户，为公交用户提供出行全过程的引导服务。主要功能有：

1）动态信息 + 下车提醒。根据用户定位，判断其在起点、步行段、公交段首站、公交段途经站、末站、地铁站首站、途经站、末站、终点。

2）伴随式服务。分为步行、公交/地铁、其他交通工具三类，根据用户进度不同需要匹配不同行程位置。

3）全程信息。根据用户不同位置展示行程预估时间，如图 6-5-9 所示。

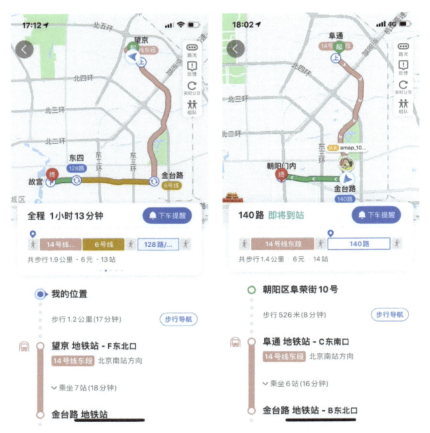

图 6-5-9　公交/地铁乘车伴随卡

4. 建设效果

截至 2022 年 9 月，北京 MaaS 平台用户超 3000 万人，日均服务绿色出行 600 余万人次，绿色出行碳普惠减排量 20 万余吨。

北京市正在研究制定《北京 MaaS2.0 工作方案》，将聚焦服务场景功能拓展、互利共赢生态圈构建、多场景无感式碳赋能、品牌标杆打造等方面，持续优化以"轨道+"为核心的城市出行、跨区域出行以及"交通+生活"等场景出行服务；将小汽车停驶、合乘等低碳出行情景纳入碳普惠激励范围；成立北京 MaaS 生态圈组织，把行业上下游企业、研究机构等 MaaS 生态圈成员更加紧密地联系在一起，携手开展愿景规划、绩效评估、协同创新、资源聚合、国际传播等工作，共同为美好出行、绿色出行贡献力量。